COMPENDIO BÍBLICO PORTAVOZ

DE BOLSILLO

UNA GUÍA A TODO COLOR DE CADA LIBRO DE LA BIBLIA

WILLIAM F. KERR

Texto © 2000 por International Publishing,
San Dimas, CA

Derechos © 2000 por Angus Hudson Ltd. /
Tim Dowley y Peter Wyart como Three's
Company.

Publicado por primera vez en inglés en los
Estados Unidos © 2000 por Kregel
Publications, Grand Rapids, Michigan
49501.

Originalmente publicado en 1982 con el
título *Kerr's Handbook to the Bible*.

Edición en castellano: *Compendio bíblico
Portavoz de bolsillo*, © 2004 por Editorial
Portavoz, Grand Rapids, Michigan 49501.
Todos los derechos reservados.

Traducción: John A. Bernal
Diseño: Peter Wyart
Paginación: Gladys A. Grasso, Grasso
Design Studio, Miami FL

Coedición mundial organizada y producida
por:
Lion Hudson plc
Mayfield House,
256 Banbury Road
Oxford, 0X2 7DH
Inglaterra
Tel.:   +44 1865 302750
FAX: +44 1865 302757
e-mail: coed@lionhudson.com

EDITORIAL PORTAVOZ
P.O. Box 2607
Grand Rapids, Michigan 49501 USA

Visítenos en: www.portavoz.com

ISBN 0-8254-1391-5

1 2 3 4 5 edición / año 08 07 06 05 04

          Impreso en Singapur
          Printed in Singapore

Reconocimientos

Fotografías
Tim Dowley: pp. 1, 17, 19, 23, 25,
28, 31, 57, 61, 65, 67, 71, 77, 79,
95, 99, 101, 103, 108, 109, 110,
129, 133, 135, 149, 151, 157
Jamie Simson: pp. 131, 138, 141
Peter Wyart: pp. 3, 4, 7, 11, 13,
37, 39, 63, 73, 75, 81, 85, 89, 97,
105, 111, 113, 117, 120, 137, 147
Fotografías de la portada cortesía
de Todd Bolen y BiblePlaces.com

Ilustraciones
Alan Harris: p. 92
James Macdonald: pp. 27, 59, 145
Richard Scott: pp. 33, 51, 53

Mapas
Jeremy Gower

Contenido

Prólogo	5	Jeremías	82
La Biblia	6	Lamentaciones	84
ANTIGUO TESTAMENTO	15	Ezequiel	86
El Pentateuco	18	Daniel	88
Génesis	26	Oseas	90
Éxodo	28	Joel	92
Levítico	32	Amós	93
Números	34	Obadías	94
Deuteronomio	36	Jonás	95
Los Libros Históricos	40	Miqueas	96
Josué	41	Nahum	97
Jueces	44	Habacuc	98
Rut	47	Sofonías	99
Primero y Segundo Samuel	49	Haggai	100
Los Libros de Reyes	51	Zacarías	101
Los Libros de Crónicas	54	Malaquías	102
Esdras & Nehemías	57	**ENTRE LOS TESTAMENTOS**	104
Ester	59	**NUEVO TESTAMENTO**	108
Job	61	*Los Evangelios*	111
Salmos	67	Mateo	114
Proverbios	70	Marcos	116
Eclesiastés	72	Lucas	118
Cantar de los cantares	74	Juan	121
Los Profetas	76	Hechos	124
Isaías	77	Romanos	127

1a Epístola a los Corintios	130	Filemón	145
2a Epístola a los Corintios	131	Hebreos	146
Gálatas	133	Santiago	147
Efesios	135	Las cartas de Pedro	149
Filipenses	136	Las cartas de Juan	152
Colosenses	139	Judas	154
Epístolas a los Tesalonicenses	141	Apocalipsis	155
Las Epístolas Pastorales	143	*Índice*	158

Prólogo

Estos sencillos y breves estudios acerca de la Biblia son presentados con la oración que sean de ayuda a quienes buscan conocer la Palabra de Dios. Se espera que contribuyan a desarrollar en el lector un deseo más profundo de conocer mejor la Palabra de Dios. También ruego al Señor que el lector se someta al mandato divino: "Procura con diligencia presentarte a Dios aprobado, como obrero que no tiene de qué avergonzarse, que usa bien la palabra de verdad" (2 Ti. 2:15).

Un tiempo de estudio sistemático y disciplinado de unos quince minutos diarios, con el uso de estas ayudas breves para el estudio e invertido en la lectura de la Palabra misma, será de be-neficio inestimable para adquirir al menos un conocimiento introductorio de aquel Libro que supera a todos los libros.

En este tiempo cuando se batalla tanto en contra como a favor de la Biblia, el creyente necesita conocer la Palabra de Dios, la cual es "miel de la peña" que no solo es dulce al paladar, sino buena para el alma y el espíritu. Como el salmista nos recuerda: "Para siempre, oh Jehová, permanece tu palabra en los cielos" (Sal. 119:89), y: "Lámpara es a mis pies tu palabra, y lumbrera a mi camino" (Sal. 119:105), y otra vez: "La exposición de tus palabras alumbra..." (Sal. 119:130). Para aquel que esté dispuesto a recorrer el camino de Dios, estas declaraciones estimulan su apetito espiritual para llevar una dieta abundante de la Palabra de Dios.

En la preparación de este material, deseo agradecer al doctor Richard Patterson, profesor de Antiguo Testamento del Seminario Bautista Noroccidental, Tacoma, Washington, por su valiosa ayuda con la lectura y revisión del manuscrito, así como en una serie de sugerencias muy importantes en relación al contenido. También quiero agradecer a Denise K. Johnson por su excelente trabajo en la transcripción del manuscrito.

Las insuficiencias de la obra, y estoy seguro que hay muchas, son mi responsabilidad exclusiva.

William F. Kerr, doctor en teología

La Biblia

La Biblia es única entre los libros del mundo entero. El libro de mayor venta en toda la historia. La Biblia es para el creyente las Sagradas Escrituras, la Palabra de Dios, y el hombre que deambula por la vida, así sea un necio, puede hallar el camino de la salvación al leerla.

La palabra "Biblia" significa libros y se deriva de *biblion* (libro pequeño), una variación del término *biblios* en griego. De ahí que la Biblia sea *el libro de libros* por excelencia. La historia de la muerte de sir Walter Scott ilustra esto. Cuando agonizaba, Scott, quien poseía una biblioteca inmensa, llamó a su hijo y le dijo: "¡Tráeme el libro!" "¿Cuál libro?", preguntó el hijo. Sir Walter Scott contestó: "No hay más que *un solo libro*, es la Biblia". El hecho que este libro dejó una profunda impresión en él como ningún otro, quedó registrado en el poema que él ya había escrito:

> Dentro de ese libro formidable yace
> ¡El misterio de los misterios!
> Los más dichosos de la raza humana
> Son quienes reciben de Dios la gracia
> Para leer y temer, para esperar y orar,
> Para abrir la puerta y entrar sin vacilar;
> Además, mejor les habría sido no nacer
> A quienes lo leen para dudar o escarnecer.

La Biblia es sin duda el libro más especial y único de todos los libros, y su singularidad puede verse con claridad al considerarse lo siguiente:

1. En su fuente

La Biblia no proviene de algún intento realizado por los hombres para descubrir a Dios y luego registrar sus experiencias con Él. Si este fuera el caso, tales experiencias podrían analizarse para determinar cuáles principios son comunes a todas ellas. A partir de estas características comunes de cada experiencia se derivan parámetros normativos conforme a los cuales se juzgan todas las experiencias religiosas. Por lo tanto, cualquier autoridad que la Biblia tenga sobre la humanidad procede de un cúmulo compartido de experiencias. En esta perspectiva, que es la propia del liberalismo, el hombre es el iniciador de cualquier re-velación acerca de Dios.

Sin embargo, la Biblia misma afirma que Dios es la *fuente* y el iniciador de la revelación. "Toda la Escritura es inspirada por Dios..." (2 Ti. 3:16). Si el hombre quiere conocer alguna cosa de Dios con cualquier grado de certeza, entonces Dios debe revelarse a sí mismo: su naturaleza, sus designios para la humanidad y su propósito, tanto en la historia de la humanidad como para quienes le pertenecen de entre los hombres. Su revelación se desenvuelve de manera progresiva en y a través de los sucesos históricos. Comenzando con nuestros primeros padres en el huerto del Edén (Gn. 1–3), su propósito se da a conocer a medida que Él manifiesta la historia de la redención por medio de un individuo escogido, Abraham (Gn. 12–50), un pueblo escogido, Israel (Éx.–Mal.), un Redentor escogido, Cristo (Mt.–Jn.), un cuerpo escogido, su iglesia (Hch.–Jud.), y se consuma después en su reino (Ap. 20) y luego en su estado celestial (Ap. 21–22).

2. En su estilo

El estilo literario de la Biblia refleja excelsitud y unidad sorprendentes. Hombres tales como H. G. Wells han tratado de copiarlo pero han abandonado toda esperanza de ver resultados plausibles en sus intentos frustrados.

Esto es notable porque la Biblia fue producida a lo largo de unos quince siglos por autores muy diversos. Fue escrita en tres idiomas diferentes: hebreo, que es el idioma usado en la mayor parte del Antiguo Testamento; arameo, que se encuentra en Esdras 4:8–6:18; 7:12-26; Daniel 2:4–7:28; Jeremías 10:11; y griego, el idioma universal durante el tiempo de Cristo, en el cual se escribió todo el Nuevo Testamento. También sobresale por la amplia variedad de trasfondos entre los instrumentos humanos que Dios usó para consignar su revelación por escrito: desde eruditos hasta pescadores.

Pero ¿cómo fue posible alcanzar tal unidad de estilo? La Biblia misma presenta la razón: "Porque nunca la profecía fue traída por voluntad hu-

La Biblia es un constante éxito de ventas. Ella es para el creyente las Sagradas Escrituras, la Palabra de Dios.

mana, sino que los santos hombres de Dios hablaron siendo inspirados por el Espíritu Santo" (2 P. 1:21). El Espíritu Santo es el verdadero autor de la Biblia y la variedad de instrumentos humanos con que fue producida estaba bajo su control, guía y protección directos (Jn. 14:26; 15:26, 27; 16:12-15; 1 Co. 2:7-12). Como autor personal de las Escrituras, el Espíritu Santo debe acreditarse por el estilo literario único de la Biblia, así como por el hecho que a cualquier escritor humano le resulte imposible imitarlo.

3. En su autoridad e inspiración sobrenaturales

A causa de la singularidad de su fuente y estilo propios, se requiere de una explicación al hecho que la Biblia sea superior a todos los demás libros sagrados de otras religiones en las que se afirma su respectiva autoridad sobre la vida humana.

¿Por qué la Biblia es superior a todos los demás libros sagrados y única como revelación de verdades religiosas? Porque fue escrita por inspiración divina. La inspiración no es algo que se reciba en aislamiento, hay varios factores relacionados con ella:

a. Selección: Dios no usó a cualquier instrumento humano para hacer que la Biblia llegara a existir. Hombres especiales con trasfondos y cualidades adecuados fueron seleccionados por Dios. Para un libro como Génesis con sus capítulos iniciales que tratan acerca de la creación del universo, el hombre y la historia, Él seleccionó a un hombre como Moisés, quien "fue enseñado... en toda la sabiduría de los egipcios" (Hch. 7:22); un hombre como David, quien fue un rey poderoso y el dulce cantor de Israel, para escribir los Salmos; un Isaías con linaje real, para escribir el libro que lleva su nombre; un Juan reflexivo, compasivo, consagrado a Dios y pescador de profesión, para hablar del amor de Dios y la necesidad de hacer a los creyentes pescadores de hombres; un Pablo educado, brillante y adiestrado a los pies de Gamaliel y la universidad de Tarso, para escribir Romanos y sus demás cartas profundas.

Sin la selección divina de instrumentos humanos especiales, no existiría una Biblia con autoridad sobrenatural como la que existe.

b. Revelación: Por medio de su Espíritu Santo, Dios reveló su verdad a estos instrumentos escogidos y especiales, tanto verdades conocidas como desconocidas, que Él tuvo a bien incluir en la Biblia.

c. Inspiración: El Espíritu Santo guardó y guió a los instrumentos humanos para que la verdad revelada que Dios deseaba mostrar quedase bien registrada en un documento escrito. En consecuencia, hubo una serie de factores involucrados en un proceso que debía tener en cuenta aspectos tales como el trasfondo, la preparación, la personalidad y el estilo en particular del autor humano del libro. El hecho significativo es por ende el *resultado* de este acto antes que el acto mismo. De ahí que se haya dado una confluencia o un fluir conjunto de la influencia del Espíritu Santo en su control sobre los escritores humanos, de tal modo que la Biblia constituye un registro inspirado de la revelación divina en las palabras de Dios tal como se ven reflejadas en los idiomas, el estilo literario y las personalidades de los autores humanos.

Al contrastar inspiración con revelación y definir la relación que existe

Los libros de la Biblia

La Biblia es una "biblioteca de 66 libros, 39 en el Antiguo testamento, 27 en el Nuevo Testamento". Los escritos del **Antiguo Testamento** aparecieron por primera vez como rollos separados en hebreo; no sabemos cómo ni cuándo fueron reunidos en un solo volumen por primera vez. Los 39 libros del Antiguo Testamento son de diferentes autores y estilo y pueden clasificarse en cuatro secciones principales:

La ley
A veces designada como el Pentateuco o "los cinco rollos".

Historia
Sigue la historia del pueblo de Dios desde su entrada en la Tierra Prometida hasta la cautividad.

Poesía y sabiduría
Con abundancia de proverbios, enigmas, parábolas, advertencias y sabios dichos.

Profecía
Los profetas de Dios explicaban lo que había sucedido en el pasado, hablaban contra el mal en el presente, y contaban lo que Dios haría en el futuro.

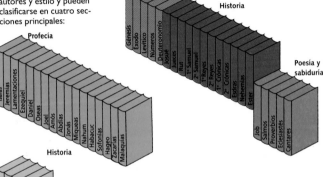

Los apócrifos
Los apócrifos son una colección de libros y adiciones a los libros del Antiguo Testamento. Fueron escritos entre el 300 a.C. y el 100 d.C. No fueron aceptados por los judíos como parte de las Escrituras del Antiguo Testamento, y la mayoría de las denominaciones protestantes no los aceptan como parte de las Escrituras genuinas.

Estos libros son documentos interesantes y de valor histórico que cubren una gama que va desde la narración histórica hasta la ficción piadosa.

Los 27 libros del **Nuevo Testamento** fueron escritos en griego y pueden también dividirse en diferentes clases de escritos:

Historia
El libro de Hechos y los cuatro Evangelios. Los Evangelios, sin embargo, no son meros registros históricos; fueron escritos para persuadir a los lectores a creen en Jesús, y constituyen retratos de Jesús como el Mesías.

Cartas
En ellas se incluyen las cartas de Pablo a iglesias en diversas ciudades, sus cartas a cristianos individuales, y cartas escritas por otros apóstoles.

Apocalipsis
Este libro comienza con unas cartas dirigidas a siete iglesias en Asia Menor, pero prosigue con inquietantes visiones acerca de los días postreros.

entre ambas, uno nota que la revelación se puede describir como un *proceso que fluye hacia adentro* y que *termina* en el escritor humano; la inspiración, por otra parte, es un *acto que fluye hacia afuera* y *termina* en un registro escrito. Por ende, lo que se considera como inspirado es el registro en lugar de los instrumentos humanos utilizados para escribirlo. En todo esto, el Espíritu Santo es el *agente* que guía y controla tanto el proceso como el acto que colocan en manos de los seres humanos una Biblia inspirada, un libro escrito con el soplo divino y único entre todos los libros sagrados de todos los sistemas religiosos debido a su autoridad e inspiración sobrenaturales.

d. Transmisión: Esta faceta de la Biblia no se encuentra en la misma categoría de las ya discutidas. Mientras que el Espíritu Santo guió y controló la revelación y la inspiración de tal manera que la Biblia es un libro infalible (no tiende a errar) e inerrante (no contiene errores) en los escritos originales tal como fueron compuestos por la mano de los autores humanos, Él no ejerció el mismo tipo de supervisión sobre su transmisión. No obstante, Él ejerció vigilancia y supervisión generales sobre el texto de modo que en esencia es el mismo hoy que el dado originalmente.

La posibilidad de que exista un producto literario de esta magnitud es el resultado de dos factores básicos: (1) la preservación muy cuidadosa del texto del Antiguo Testamento por parte de los judíos quienes creyeron que se trataba de la Palabra inspirada de Dios (Ro. 3:2); y (2) los esfuerzos diligentes y minuciosos por parte de eruditos en crítica textual para comparar los más de 5.500 manuscritos del Nuevo Testamento en griego con el fin de obtener el texto más puro posible.

Dios ha supervisado de forma cuidadosa la transmisión de su Santa Palabra con el transcurrir de los siglos para que el hombre pueda tener hoy, y muchas veces en su propio idioma, el texto confiable de la Palabra de Dios con su autoridad plena.

El creyente también puede tener la certeza de que la Biblia es el registro fiel de la revelación de Dios dado con inspiración y autoridad sobrenaturales como Pablo dice, por el testimonio que el Espíritu mismo da a nuestro espíritu (Ro. 8:14-16). La confesión de Westminster expresa esta misma idea con las palabras: "... nuestra persuasión y certeza plenas de la verdad infalible y la autoridad divina que le atañen, son resultado de la obra interna del Espíritu Santo, quien da testimonio por la palabra en nuestros corazones".

4. En su temática

Los temas de la Biblia y el método para tratarlos también marcan la singularidad de la Biblia. Ningún otro libro sagrado, entre las confesiones religiosas, discute los conceptos que competen a la humanidad de la misma forma y con la profundidad en que lo hace la Biblia. Las tres preguntas fundamentales que enfrenta cada ser humano son respondidas con todo detalle por la Biblia: ¿De dónde vine? ¿Quién soy? ¿Cuál es mi destino? Empezando por Génesis y en todo su transcurso hasta el libro de Apocalipsis, estas preguntas son planteadas y contestadas con toda seriedad: el hombre existe por creación directa de Dios, fue puesto en un paraíso perfecto, y cayó en pecado. Luego Dios declaró al hombre pecador, corrompido e incapaz de agradarle; su corazón es engañoso más que cualquier cosa e irremediablemente perverso. En consecuencia, el hombre no puede justificarse a sí mismo delante de Dios. El único que puede redimirlo y garantizarle vida eterna es Dios, a través de la gracia de la salvación provista por medio de la muerte de su propio Hijo. La promesa de redención para la raza humana empieza en Génesis 3:15: "Y pondré enemistad entre ti y la mujer, y entre tu simiente y la simiente suya; ésta te herirá en la cabeza, y tú le herirás en el calcañar", y continúa hasta su consumación en Apocalipsis 22:17: "Y el Espíritu y la Esposa dicen: Ven. Y el que oye, diga: Ven. Y el que tiene sed, venga; y el que quiera, tome del agua de la vida gratuitamente". Muchos sucesos que abarcan siglos tienen lugar entre el tiempo de la creación, la caída del hombre y el suceso de la crucifixión –la única provisión divina para la redención del hombre–, y por otro lado la revelación del programa postrero de Dios cuando queda determinado el destino final de cada ser humano, bien sea con su entrada al cielo glorioso por la fe en Cristo o al infierno eterno por el rechazo de la provisión de salvación de Dios (Ap. 20:14-15).

Múltiples y variados son los temas tratados en este gran drama de la salvación que dan respuesta a las preguntas más profundas de la humanidad: ¿De dónde vine? ¡De la mano creadora de Dios, hecho a imagen de Dios! ¿Quién soy? Un pecador, corrupto y depravado, sujeto a las tentaciones, lujurias y pecados de esta naturaleza pecadora, ¡pero objeto también del amor de Dios! ¿Cuál es mi destino? Como un creyente, el cielo; como un incrédulo, el infierno.

Un escritor anónimo ha resumido las cosas que hacen de la Biblia el libro más especial del mundo: "Este libro contiene la palabra de Dios, la condición del hombre, el camino de salvación, el destino fatal de los

Judíos en el muro occidental de Jerusalén leen una valiosa copia de la Torá, los libros de la ley.

11

pecadores y la felicidad de los creyentes. Sus doctrinas son santas, sus preceptos son irrevocables, sus historias son verdaderas, sus decisiones son inmutables. Léala para ser sabio, créala para estar seguro, y póngala en práctica para ser santo. Ella provee en abundancia luz para dirigirle, alimento para sustentarle y consolación para animarle. Es el mapa del viajero, el bastón del peregrino, el compás del piloto, la espada del soldado y la constitución del cristiano. Aquí el paraíso es restaurado, el cielo es abierto y las puertas del infierno son descubiertas. Cristo es su figura central, nuestro bien es su propósito, y la gloria de Dios es su fin último. Sus páginas deberían llenar la memoria, gobernar el corazón y guiar los pies. Léala sin prisa pero con frecuencia y en actitud de oración. Es una mina de riqueza, un paraíso de gloria y un río de goce. Da vida, será abierta en el juicio y recordada para siempre. Implica la más alta responsabilidad, recompensará los sacrificios más grandes y condenará a todos los que se atrevan a jugar con su contenido sagrado".

5. En sus normas tiene autoridad divina

Hubo muchos libros de carácter religioso relacionados tanto con el Antiguo como con el Nuevo Testamento que no fueron reconocidos como canónicos y por esa razón no fueron incluidos en la lista de libros que conformaron la colección definitiva que se convirtió en lo que hoy conocemos como la Biblia. Claro que más adelante, como resultado de las decisiones tomadas por el concilio de Trento que se convocó a causa del movimiento de la Reforma, la iglesia católica romana incluyó en el canon los libros apócrifos que se escribieron durante el tiempo que transcurrió entre Malaquías y los Evangelios. Estos libros se llamaron apócrifos o "escondidos" porque no tenían una relación clara con el Antiguo Testamento y no podían gozar de una consideración automática como escritos sagrados auténticos. Simplemente, no poseían las características propias ni alcanzaban las "normas" que les otorgarían el mismo valor de los libros bíblicos.

Este estándar tenía que ver con la conformidad a dos principios que, de ser cumplidos, atribuirían valor canónico a los libros así como la autoridad divina correspondiente. El término "canonicidad" viene de la palabra "canon" que significa "regla" o "estándar de medición". Estos son los principios que deben tenerse en cuenta: (a) que el libro haya sido escrito por un profeta, un apóstol, o por alguien relacionado de manera especial con personas semejantes (por ejemplo, Marcos y su relación directa con Pedro; Lucas y su relación personal con Pablo). Este principio se conoce con el nombre de testimonio profético o autoridad apostólica; (b) el testimonio interno del Espíritu Santo, por el cual el creyente verdadero recibe la convicción de que los libros de la Biblia son, sin lugar a dudas, la Palabra de Dios. Esta convicción se afirma cada vez más en el corazón del creyente al punto que cuando lee otros libros que no son bíblicos los rechaza o desconoce su supuesta autoridad. Cualquier persona que sea creyente puede hoy hacer uso de este proceso y mediante la comparación de libros canónicos y no canónicos, determinar cuáles son Palabra de Dios y por tanto tienen autoridad sobre su vida. Estos dos principios han capacitado al pueblo de Dios desde los tiempos del Antiguo y Nuevo Testamento para saber cuáles libros conformaban la Palabra de Dios. Esto explica por qué ciertos libros fueron agrupados en lo que se denomina el Antiguo Testamento y otros se agruparon en lo que se llama el Nuevo Testamento. También demuestra que fue Dios mismo y no el hombre quien determinó la canonicidad de los libros bíblicos. El pueblo de Dios no hizo más que reconocer que los libros procedían de la mano de un mensajero acreditado de Dios. El uso continuado que la Iglesia ha hecho de estos libros de manera única y exclusiva, desde el tiempo de los apóstoles en adelante, ha sido un reconocimiento tácito de lo que Dios ya había dado a entender sin equívocos, a saber: que los libros que constituyen nuestra Biblia son la Palabra viva y personal de Dios.

No obstante, es necesario hacer una distinción entre *canonicidad* y *recopilación* de los libros bíblicos. Si bien ningún hombre ni iglesia puede hacer canónico un libro o denominarlo como tal, sí fue responsabilidad de algunas personas reunir estos libros canónicos y preservarlos. Tal proceso de colección y recopilación tuvo lugar tanto para el Antiguo como para el Nuevo Testamento. Según algunos eruditos, parece que el Antiguo Testamento fue recopilado durante los días de Esdras y "La gran sinagoga". Para el tiempo de Cristo, parece claro que los treinta y nueve libros del Antiguo Testamento que encontramos hoy en nuestras versiones modernas ya estaban compilados y ciertamente eran canónicos. Por otro lado, los veintisiete libros del Nuevo Testamento ya estaban recopilados en su totalidad para la época del concilio de Cartago (397 d.C.)

6. En su capacidad para satisfacer las necesidades universales de la humanidad

Dondequiera que la Biblia ha llegado y en todas las naciones, culturas o pueblos que han recibido su mensaje, el hombre ha hallado la respuesta certera y oportuna a sus necesidades más profundas. Hoy día la Biblia

Qumran •

En estas cuevas de Qumran, cerca del Mar Muerto, fueron encontradas las copias más antiguas de muchos libros del Antiguo Testamento.

circula en una gran cantidad de traducciones. La Biblia está disponible, aunque sea en parte, para el 97% de la población mundial. Además, la Biblia completa ha sido traducido a más de 240 idiomas y el Nuevo Testamento completo a más de 320 idiomas.

Sin lugar a dudas, la Biblia es única en su poder para satisfacer las necesidades del hombre y su mensaje trasciende fronteras, culturas, obstáculos y condiciones adversas de toda clase porque habla sin rodeos al corazón humano. En verdad puede afirmarse: "La palabra de Dios no está presa".

El Antiguo Testamento

El fundamento para el cristianismo, el islamismo y el judaísmo es el Antiguo testamento. De acuerdo con Pablo, a los judíos les fue "confiada la palabra de Dios" (Ro. 3:2). Para el creyente cristiano el carácter del Antiguo Testamento está definido para siempre como la Palabra de Dios escrita por inspiración divina y dada bajo el control infalible del Espíritu Santo (Gá. 3:8; 2 P. 1:20-21). Esto se debe a que Cristo, la figura central del Antiguo Testamento, imprimió su sello sobre el Antiguo Testamento, que en su tiempo así como en el nuestro, contenía los mismos libros de Génesis a Malaquías, aunque el orden fuera otro (Lc. 24:44ss).

En nuestras versiones de la Biblia tenemos treinta y nueve libros dispuestos de la siguiente manera:
17 libros históricos: de Génesis a Ester
5 libros poéticos: de Job a Cantar de los Cantares
17 libros proféticos: de Isaías a Malaquías.

La Biblia hebrea contiene estos mismos libros como si fueran veinticuatro. Su clasificación consta de tres ramas: la Toráh o Ley (5 libros: Génesis a Deuteronomio); los Nebiim o profetas (8 libros: Josué, Jueces, Samuel, Reyes, Isaías, Jeremías, Ezequiel, los doce profetas menores); los Ketuvim o escritos (11 libros: Salmos, Proverbios, Cantar de los Cantares, Rut, Lamentaciones, Eclesiastés, Ester, Daniel, Esdras/Nehemías y Crónicas).

La idea de combinar ciertos libros en la Biblia hebrea era común. En el canon hebreo los libros 1 y 2 de Samuel se contaban como uno, al igual que 1 y 2 de Reyes, y 1 y 2 de Crónicas. Todos los escritos de los doce profetas menores quedaban agrupados en un solo tomo debido a que por su tamaño (la única razón para llamarlos "menores"), se corría el riesgo de perder alguno si no estaba en el mismo rollo con los demás.

Este número de veinticuatro libros fue reducido a veintidós por Josefo con el fin de hacer que los libros del Antiguo Testamento correspondieran al número de letras en el alfabeto hebreo. Para lograrlo, anexó Rut a Jueces y Lamentaciones a Jeremías.

El mensaje del Antiguo Testamento es uno solo, independiente del número y orden de sus libros, y el contenido de sus treinta y nueve libros se ha conservado hasta hoy en nuestras versiones modernas de la Biblia.

El personaje central del Antiguo Testamento, así como del Nuevo, es el Mesías, Cristo. Anticipado por las promesas proféticas y representado simbólicamente en las ofrendas y sacrificios, este Mesías vendría para traer libertad verdadera a su pueblo. La primera promesa de redención indicó su poder libertador con estas palabras: "[El Mesías] te herirá [a la serpiente] en la cabeza" (Gn. 3:15). A partir de esa promesa y por medio de sucesos históricos, tipos, ofrendas y sacrificios, juicios y liberaciones, el pueblo de Dios aprendería muchas cosas acerca de Aquel cuya venida era tan esperada. De este modo se desarrolla la historia del Antiguo Testamento. Es una historia de redención, la historia de un pueblo que ha de ser santo para con su Dios. El objetivo que Dios tiene con su propósito soberano de salvar a los hombres siempre ha sido tener una sociedad de personas redimidas.

Para lograr este objetivo, Dios empezó con su promesa inicial en Génesis 3:15. Fue una promesa de esperanza para Adán y Eva, cuya relación con Dios se había roto a causa del pecado de ellos. Pero la irrupción del pecado continuó en la historia de la humanidad hasta que la maldad fue tan grande, que Dios tuvo que destruirla con un diluvio, preservando solamente a Noé y su familia (Gn. 7:1).

Con Noé se dio comienzo a la relación con Dios por medio de pactos, y en este pacto Dios prometió de forma unilateral que nunca más destruiría al hombre por medio de un gran diluvio, y selló este pacto con Noé mediante la señal del arco iris.

Con la inauguración de la relación de pacto se introdujo algo especial y significativo en la forma como Dios trata con el hombre. También se había preparado el camino para el establecimiento del pacto más importante para toda la humanidad, que fue el pacto con Abraham (Gn. 12:1-3; 15:17-18; 17:1-2). En este pacto Dios hizo énfasis en la salvación por gracia mediante la venida de Aquel por quien todas las naciones serían benditas. Todos los tratos subsiguientes de Dios para fines de la redención humana, vendrían a través de la vida y la historia de una nación: Israel.

Dios le concedió a esta nación una afirmación que la puso aparte de todas las demás naciones y se constituiría en su testimonio distintivo: "Oye, Israel: Jehová nuestro Dios, Jehová uno es" (Dt. 6:4). Esta proclamación monoteísta quedó firmemente implantada en el corazón de todo israelita y es en la actualidad el factor de mayor unificación nacional e identidad individual en el corazón de cada judío.

Tal aseveración no impidió que Cristo pronunciara en sentido dogmático que Él mismo es la encarnación y revelación plena de aquel Dios único (Jn. 10:29-38; 14:8-11; 17:21-22). Por lo tanto, Cristo también afirmó que debido a esto "la salvación viene de los judíos" (Jn. 4:22).

La historia del trato de Dios con la nación de Israel es la historia del Antiguo Testamento, una historia cuyo punto culminante sería la llegada de Dios manifestado en carne humana (Jn. 1:14-18). Por eso en el Antiguo Testamento se encuentran todos los tratos divinos con Israel que prepararon al mundo entero para el momento en que se cumplió el tiempo y Dios envió a su Hijo, nacido de una virgen y nacido bajo la ley (Gá. 4:4). De manera que el Antiguo Testamento destaca todos los *preparativos* que Dios realizó para el momento de la *encarnación*.

Un bosquejo de la historia del Antiguo Testamento puede ser de ayuda para entender la magnitud de estos preparativos:

1. Historia inicial: Relato de los orígenes. Génesis 1–11: desde la creación hasta la dispersión de las naciones.

2. Historia patriarcal: Memorias de los padres fundadores de Israel. Génesis 12–50: desde el llamamiento de Abraham hasta la muerte de José.

3. Historia mosaica: Descripción del viaje de Israel por el desierto. Éxodo–Deuteronomio: desde la liberación de la esclavitud en Egipto hasta la muerte de Moisés.

4. Historia nacional: Las crónicas de la nación de Israel y la Tierra Prometida. Josué–Malaquías: desde la conquista de Canaán hasta el exilio y la restauración.

El libro de Malaquías cierra la revelación divina correspondiente al Antiguo Testamento; la voz de Dios queda en silencio. Israel aguarda el advenimiento de su Mesías, el cual es Cristo, Dios encarnado.

La antigua cueva de Macpela, en Hebrón, el emplazamiento tradicional del sepulcro de Abraham y su familia.

Hebron.

El Pentateuco

El nombre por el que se conocen en general los cinco primeros libros de la Biblia, a saber, Génesis, Éxodo, Levítico, Números y Deuteronomio, es el Pentateuco. Esta palabra se compone de dos vocablos griegos: *penta* (cinco) y *teujos* (herramienta/volumen). Significa literalmente libro dividido en cinco volúmenes y corresponde a la manifestación quíntupla del mensaje de Dios para su pueblo por medio de Moisés.

Debido a que revela el origen del universo y el hombre, el Pentateuco ha sido epicentro de controversias, en especial desde el siglo diecisiete de una forma organizada. La polémica se ha centrado en muchos puntos principales, pero la definición del autor de los libros es el más importante porque autoría y autenticidad van de la mano.

El ataque contra el Pentateuco se intensificó a finales del siglo diecinueve y principios del siglo veinte, cuando por lo general existía un acuerdo entre los eruditos de la crítica en cuanto a que era imposible que Moisés hubiese escrito estos libros. La teoría propuesta para reemplazar la autoría mosaica se denominó teoría documental. Tras analizar el Pentateuco con base en los diferentes nombres divinos y los códigos legales, resultaron cuatro documentos básicos: J, E, D y S. Las fechas asignadas a estos documentos fueron: J entre 950–850 a.C.; E aproximadamente el 750 a.C.; D aproximadamente el 600 a.C. y S cerca del 500 a.C. Estas letras corresponden a: (1) dos nombres divinos, uno de los cuales se emplea con mayor frecuencia en ese documento en particular: en el documento J, el nombre Jehová era dominante, y en el E, el nombre Elohim; y (2) los códigos legales en que D representa el código deuteronomista y S los códigos sacerdotales. Cerca del 430 a.C. estos cuatro documentos fueron combinados en uno solo que se denominó el Pentateuco.

Hoy día la teoría documental ha sido refinada a tal punto por los eruditos de la crítica que es difícil considerar la visión moderna sin entrar en profusos detalles. Como alguien ha señalado, la condición actual de la crítica literaria del Pentateuco es caótica.

Cuando se afirma que Moisés fue el autor del Pentateuco, no se quiere decir que él lo haya escrito palabra por palabra; pero sí quiere decir que Dios le reveló bajo el control y la guía del Espíritu Santo todo lo que quiso que quedara registrado. De modo que Moisés, estando bajo su guía y control, pudo haber empleado diversas fuentes tales como la transmisión oral y algunos registros escritos según Dios lo dirigiera a hacerlo. Queda claro que Dios le transmitió por revelación directa la narración de la creación, y también le dio directamente a Moisés los Diez Mandamientos. Por supuesto que otros sucesos fueron conocidos por Moisés porque él fue líder de los israelitas durante el viaje

El monasterio de Santa Catalina, en el Sinaí, cerca del monte en el que se cree Moisés recibió los Diez Mandamientos.

por el desierto. Quizá contó con la ayuda de escribas para el registro de estos sucesos. El hecho que existían registros escritos en el tiempo de Moisés puede verse en Números 21:14: "Por tanto se dice en el libro de las batallas de Jehová: Lo que hizo en el Mar Rojo, y en los arroyos de Arnón". Un pasaje que con toda probabilidad Moisés no escribió, a no ser que lo haya hecho en sentido profético, fue el relato de su propia muerte (Dt. 34). En conclusión, considerar a Moisés como autor del Pentateuco significa afirmar que bajo la influencia, guía y control del Espíritu Santo, las palabras contenidas en estos libros son las palabras de Dios escritas con el estilo literario y las características personales de Moisés.

Afirmar que Moisés fue el autor del Pentateuco no constituye una prueba necesaria de que lo haya sido. ¿Existen razones de peso para sostener este aserto?

El último libro del Pentateuco, que por inferencia incluiría todos los cinco libros, se denomina Deuteronomio y en él se declara que Moisés escribió la ley: "Y escribió Moisés esta ley, y la dio a los sacerdotes hijos de Leví, que llevaban el arca del pacto de Jehová, y a todos los ancianos de Israel" (Dt. 31:9, cp. vv. 24-26). Otra declaración en Éxodo 34:27: "Y Jehová dijo a Moisés: Escribe tú estas palabras; porque conforme a estas palabras he hecho pacto contigo y con Israel" (cp. Lv. 1:1; 4:1; 6:1; Nm. 1:1; 2:1; 4:1).

Otros pasajes del Antiguo Testamento dan testimonio de la autoría de Moisés: "Y los hijos de los levitas trajeron el arca de Dios puesta sobre sus hombros en las barras, como lo había mandado Moisés, conforme a la palabra de Jehová" (1 Cr. 15:15). También en 2 Reyes 18:12: "Por cuanto no habían atendido a la voz de Jehová su Dios, sino que habían quebrantado su pacto; y todas las cosas que Moisés siervo de

El antiguo oriente medio durante el período del Antiguo Testamento

Jehová había mandado, no las habían escuchado, ni puesto por obra".
Los profetas también se suman a este testimonio. El profeta Isaías,
quien vivió antes del exilio, escribió acerca de la inmoralidad del pueblo de Dios en su tiempo con referencia a la maldad de Sodoma y
Gomorra, e insistió en la necesidad de obedecer la ley de Dios (Is. 1:10).
Es probable que esta referencia corresponda a Deuteronomio 32:32,
texto que ya fue declarado como escrito por Moisés. El profeta
Malaquías, quien vivió después del exilio, también escribió: "Acordaos
de la ley de Moisés mi siervo, al cual encargué en Horeb ordenanzas
y leyes para todo Israel" (Mal. 4:4). También Nehemías declara esta
misma convicción: "En extremo nos hemos corrompido contra ti, y no
hemos guardado los mandamientos, estatutos y preceptos que diste a
Moisés tu siervo" (Neh. 1:7). Tales declaraciones constituyen una fuerte

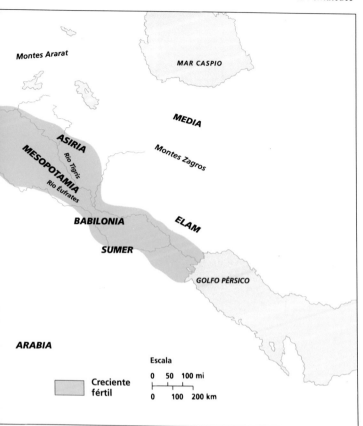

indicación de que la Toráh o Ley de Dios como era llamado el Pentateuco por los escritores del Antiguo Testamento, tuvo por autor a Moisés.

El Señor Jesucristo puso su sello de aprobación en cuanto a la autoría mosaica del Pentateuco: "Pero respecto a que los muertos resucitan, ¿no habéis leído en el libro de Moisés cómo le habló Dios en la zarza, diciendo..." (Mr. 12:26). También: "Entonces Jesús le dijo: Mira, no lo digas a nadie; sino vé, muéstrate al sacerdote, y presenta la ofrenda que ordenó Moisés, para testimonio a ellos" (Mt. 8:4; cp. también 19:7; Lc. 16:29; 24:44; Jn. 5:46, 47). La última palabra para el creyente con respecto a la autoría del Pentateuco proviene de Cristo mismo, y Él ha hablado sin lugar a equívocos en los versículos señalados acerca de su autoría mosaica.

Además de esto, el testimonio apostólico es igualmente contundente. Jacobo, líder del concilio de Jerusalén, declaró: "Porque Moisés desde tiempos antiguos tiene en cada ciudad quien lo predique en las sinagogas, donde es leído cada día de reposo" (Hch. 15:21). Pablo, cuando habló acerca de la ceguera de los judíos, se lamenta: "Y aun hasta el día de hoy, cuando se lee a Moisés, el velo está puesto sobre el corazón de ellos" (2 Co. 3:15). El respaldo de la iglesia primitiva a la autoría mosaica del Pentateuco es evidente en las declaraciones de estos dos apóstoles que ejercieron tanto poder e influencia.

En combinación con los testimonios anteriores, también se ha conservado hasta finales del siglo diecinueve el sentir casi universal de que Moisés escribió el Pentateuco, por parte tanto de los judíos como de la Iglesia cristiana. El Pentateuco samaritano, que data de cerca del 500 a.C., da testimonio de que su autor fue Moisés. Los apócrifos, que fueron escritos entre nuestro Antiguo y Nuevo Testamentos, también convalidan la autoría mosaica: "Estando aún explicándole esto, dijo el joven: «¿Qué esperas? No obedezco el decreto del rey, sino los mandamientos de la Ley dada a nuestros padres por Moisés" (2 Mac. 7:30).

Esta evidencia de la autoría mosaica del Pentateuco parece tan contundente que nadie podría dudar de que Moisés fue su autor. No obstante, además de negar de plano su autoría, los primeros defensores de la teoría documental afirmaron una serie de argumentos en el sentido de que él no pudo haberlo escrito: (a) la escritura no había sido inventada en el tiempo de Moisés; pero el descubrimiento del código legal de Hamurabi (que data de cerca del siglo dieciocho a.C.), destruyó esta hipótesis; (b) nombres tales como Abraham no podían asignarse a individuos sino que se referían a tribus enteras; sin embargo, las tablillas de Mari muestran que esos nombres personales, e incluso nombres de lugares similares a los nombres bíblicos, ya se empleaban en tiempos de los patriarcas; (c) las palabras arameas eran indicio de una fecha tardía de escritura; pero las tablas de Ras Shamra contenían palabras en arameo que demuestran la falsedad del alegato; (d) la negación de la existencia de los hititas (quienes antes eran conocidos solamente a partir de la Biblia). Este aspecto fue rebatido por varios documentos del antiguo cercano oriente.

Cada vez se presentan más casos donde la arqueología arroja luz con respecto a costumbres propias del antiguo cercano oriente que se mencionan en el texto bíblico. Tales hallazgos nos alertan para que evitemos apresurarnos a negar la exactitud histórica de libros bíblicos como los del Pentateuco. Por cierto, nadie debería atreverse a negar de entrada que Moisés pudo haber escrito el Pentateuco. A medida que argumento tras argumento en contra de su autoría va quedando en el pasado, el avance del tiempo y el aumento del conocimiento han reivindicado a Moisés y al Pentateuco.

Esto no ha sido algo accidental, porque Dios es el Dios soberano de la historia, y cuando Él dio su revelación divina en la historia, seleccionó y preparó a hombres que fuesen los instrumentos que consignaran esta revelación. Moisés fue uno de esos instrumentos, y sabemos por las Escrituras que en términos de trasfondo y educación, él "fue enseñado en toda la sabiduría de los egipcios..." (Hch. 7:22). Esta

La esfinge erosionada por el viento, cerca del Cairo en Egipto. La tradición afirma que Moisés recibió su educación en Heliópolis.

preparación fue formidable en amplitud y profundidad. De acuerdo con la tradición él fue educado en Heliópolis. El programa académico fue integral e incluyó adiestramiento práctico en la escritura (cp. los símbolos de la pictografía egipcia), la aritmética (los egipcios inventaron los símbolos que llamamos arábigos que empleamos hasta el día de hoy, así como los rudimentos de geometría y trigonometría con que se construyeron las pirámides); la música (Moisés tendría un conocimiento musical tanto vocal como instrumental, al igual que un dominio de la armonía y el ritmo, cp. Éx. 15:1, 20, 21; Dt. 32); nótese también que las tumbas antiguas cercanas a las pirámides presentan dibujos de músicos que cantaban y tocaban instrumentos; también la astronomía (los astrónomos egipcios pudieron determinar con gran precisión que el año solar tenía 364 1/4 días, que el sol era el centro de nuestro universo, que los días y noches eran ocasionados por la rotación de la tierra sobre su eje, y que la luna recibía su luz por reflexión de la luz solar); también Moisés aprendió acerca del sistema legal egipcio, donde la ley era administrada por jueces bien calificados que conocían las numerosas leyes de Egipto; por último, en ciencia (los egipcios tenían leyes sanitarias rígidas, un conocimiento excelente de anatomía porque permitían la práctica de la disección del cuerpo humano, además de ser expertos en medicina y su uso práctico).

Por estas y otras razones, ser el autor de unos libros que tratarían asuntos tales como el origen del universo, las leyes sanitarias y de purificación religiosa, así como la fe que traería esperanza y libertad al mundo, no era algo que estuviese fuera del alcance de Moisés con toda su preparación intelectual y religiosa. Para consignar una revelación que tratara esos temas, Moisés fue seleccionado y cuidadosamente preparado por Dios.

Esta revelación divina, que está contenida en el Pentateuco, puede ser objeto de un análisis sencillo en tres eras:

1. Prehistoria: Tiempo de los orígenes. Génesis 1–11.

Aquí se relata de manera detallada la creación directa del universo, la creación directa del hombre, el pecado original del hombre, la historia de Caín y Abel, el registro de las generaciones de Adán, el diluvio universal y la dispersión de las naciones que descendieron de Noé.

2. Historia patriarcal: Origen de Israel. Génesis 12–50.

El llamado de Abraham y la historia de las relaciones de pacto con él; el nacimiento de Isaac, el hijo de la promesa; José es vendido y entra en Egipto; el viaje de Jacob y sus hijos a Egipto durante la hambruna que resultó en la salvación de la nación de Israel al rescatarlos Dios, en su providencia, por medio de José.

3. Liberación providencial de Israel de Egipto: Origen de la ley. Éxodo a Deuteronomio.

Trata acerca de la redención de los hijos de Israel frente a la esclavitud en Egipto, su peregrinaje en el desierto tras la inauguración de la pascua, la protección y guía de Dios con una nube durante el día y una columna de fuego durante la noche, la declaración de la ley, la construcción del tabernáculo, el origen del sacerdocio y las ofrendas, las listas de las tribus de Israel y la revisión detallada de la ley.

El Pentateuco termina cuando Dios da a Moisés una vista panorámica de la Tierra Prometida, tras lo cual muere y Dios esconde su cuerpo (su muerte vino como resultado de su desobediencia a Dios cuando *golpeó* la roca en lugar de *hablarle*, un acto que le costó la entrada a Canaán, pero no al cielo). El Pentateuco revela el origen y prolongación de la gracia maravillosa de Dios.

En términos doctrinales, el Pentateuco es como el semillero básico de la Biblia: enseña la creación, la única explicación satisfactoria y realista del origen del universo; enseña acerca del origen del pecado, por qué el hombre actúa como lo hace y por qué necesita salvación; enseña la salvación por gracia y demuestra que no puede existir otro camino, que el hombre no se puede salvar a sí mismo, bien sea por obediencia a la ley o cualquier clase de mérito humano; también en-

señา acerca de la esperanza de vida eterna. Sin estas enseñanzas del Pentateuco, no habría esperanza alguna para la humanidad. El resto de la Biblia desarrolla de forma detallada estos mismos temas y garantiza la realidad y disponibilidad de esperanza y salvación para la humanidad.

Un asentamiento nómada en el desierto del Sinaí. Los hijos de Israel vivieron como nómadas en el desierto durante el éxodo.

Génesis

Génesis ha enriquecido nuestro idioma con esta palabra que significa a principio, comienzo, y a causa de sus primeros capítulos que se refieren a los orígenes: del universo, el hombre, el pecado, la salvación y muchos otros. La palabra proviene del título dado al libro en la traducción griega del Antiguo Testamento, cuya transliteración castellana a partir del griego es "génesis". En el texto hebreo, el nombre *Bereshith* tiene la misma idea de orígenes y se traduce "En el principio".

Génesis empieza con una de las declaraciones más majestuosas en toda la literatura: "En el principio... Dios". Esto prepara el escenario para todas las cosas que vienen a continuación. Apunta hacia el gobierno soberano de Dios y demuestra que todo lo que acontece en la historia es en realidad su propia historia divina. Su control providencial guía toda la historia en la dirección de su meta y consumación propuestas. Génesis no puede ser leído y estudiado sin darse cuenta de que Dios está sentado sobre el trono y que su propósito se logra finalmente.

Hay algunas características que hacen único al libro de Génesis:

1. Es doctrinalmente básico para todos los demás libros de la Biblia que tratan doctrinas profundas sobre Dios, la creación, el hombre, el juicio, la misericordia, el origen de las naciones y su historia primitiva, la salvación por gracia mediante la fe, los ángeles, el sacrificio substituto (la historia de Abraham e Isaac, Gn. 22), la providencia y preservación de Dios demostrada en la vida de los patriarcas, en especial la de José.

2. Trata un tema que ha provocado muchos conflictos: la relación de la Biblia con la ciencia. Esa relación ha sido el centro de muchas declaraciones severas en ambos lados de la balanza. Muchos científicos, al igual que eruditos bíblicos, han afirmado que Génesis no es un libro de texto sobre asuntos científicos, ¡y lo cierto es que no lo es! Otros han dicho que la Biblia trata solamente asuntos espirituales y eternos, mientras que la ciencia se ocupa solamente en lo mundano y temporal. Cada una es una entidad separada, y sus correspondientes áreas no deben invadirse mutuamente. No obstante, la preparación erudita en ambos lados ha llegado a reconocer que la ciencia verdadera y la interpretación verdadera nunca pueden estar en conflicto. Con paciencia, discernimiento y dedicación a la verdad de la Biblia se recibe por fin aquella luz que ilumina tanto la Palabra de Dios como el mundo de Dios. Para empezar, es imposible hacer una declaración más clara acerca del origen del universo: "En el principio creó Dios los cielos y la tierra" (Gn. 1:1); y sobre el origen del hombre: "Y creó Dios al hombre a su imagen..." (Gn. 1:27).

Una reconstrucción artística de un zigurat mesopotámico. La torre de Babel pudo parecerte a este modelo.

3. Declara la realidad profunda de obedecer y tener fe completas en Dios. La fe nunca tendrá una definición apropiada sin hacer referencia a Abraham y su compromiso definido con Dios (cp. Génesis capítulos 12; 15; 17; 21–22, con Romanos 4 y 5; Gálatas 3; Hebreos 11). Esa fe es la que justifica y declara justo a un hombre, sin necesidad de obras.

BOSQUEJO PARA ESTUDIAR GÉNESIS

1. La creación del universo y el hombre 1:1–2:25
2. El comienzo del pecado humano 3:1–5:32
3. La condenación de la humanidad 6:1–8:22
4. El pacto con Noé 9:1-29
5. La propagación de las naciones 10:1–11:32
6. El llamamiento y pacto de Abraham 12:1–17:27
7. La consumación de Sodoma y Gomorra 18:1–20:38
8. La confirmación a Isaac del pacto de Abraham 21:1–26:35
9. La sagacidad de Jacob 27:1–36:43
10. La vida consagrada de José 37:2–50:25

Éxodo

Uno de los sucesos más grandiosos en la historia del pueblo de Dios fue su salida de la tierra de Egipto, donde habían estado en servidumbre y esclavitud durante unos cuatrocientos años. Este libro, que describe de forma detallada tan magno suceso y los acontecimientos subsiguientes anteriores a la llegada a la Tierra Prometida, se denomina Éxodo a partir de la palabra griega dada en la Septuaginta o traducción al griego del Antiguo Testamento hebreo. El significado de la palabra es "partida", "escape" o "salida".

Puesto que el libro registra los sucesos asociados con la salida de Egipto, hay dos asuntos que confrontan al lector: ¿Cuándo ocurrió este suceso y quién fue este faraón cruel, obstinado y duro de corazón, quien incumplió su palabra a Moisés tantas veces?

Aunque la fecha del Éxodo ha sido objeto de discusiones acaloradas, los eruditos conservadores que se basan en la declaración confiable de 1 Reyes 6:1: "En el año cuatrocientos ochenta después que los hijos de Israel salieron de Egipto, el cuarto año del principio del reino de Salomón sobre Israel", creen que si se toma la fecha del comienzo del reino de Salomón cerca del 971 a.C. y se le restan los cuatro años que transcurrieron antes de que se empezara a construir el templo, llegan a la fecha del 967 a.C. Al añadir los 480 años mencionados la fecha del Éxodo podría fijarse cerca del 1447 a.C. De acuerdo al arqueólogo Garstang, las cartas de Tel-el-Amarna datan la caída de Jericó cerca del 1400 a.C. Estas mismas cartas describen a un pueblo llamado "habirú", el cual había invadido Palestina y capturado la tierra. Muchos eruditos

Tierras fértiles en las orillas del río Nilo, en Egipto. Uno de los acontecimientos más grandes de la historia del pueblo de Dios fue la salida de ellos de la tierra de Egipto.

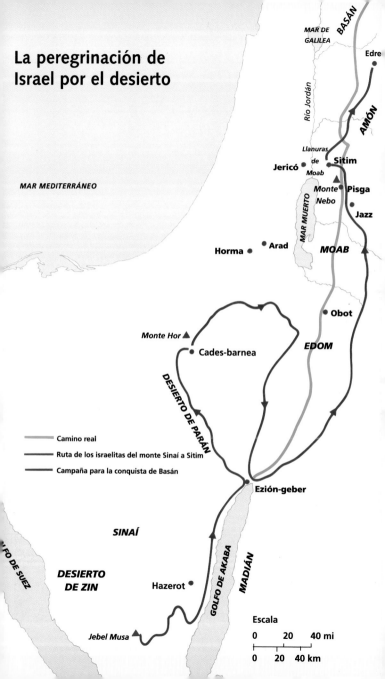

La peregrinación de Israel por el desierto

MAR MEDITERRÁNEO

BASÁN

MAR DE GALILEA

Edre

Río Jordán

AMÓN

Llanuras de Moab

Jericó

Sitim

Monte Nebo

Pisga

Jazz

MAR MUERTO

MOAB

Horma

Arad

Obot

EDOM

Monte Hor

Cades-barnea

DESIERTO DE PARÁN

Ezión-geber

SINAÍ

DESIERTO DE ZIN

GOLFO DE SUEZ

Hazerot

GOLFO DE AKABA

MADIÁN

Jebel Musa

Camino real

Ruta de los israelitas del monte Sinaí a Sitim

Campaña para la conquista de Basán

Escala

0   20   40 mi

0   20   40 km

identifican a este pueblo como los hebreos durante el tiempo de las conquistas de Josué.

Si esta es la fecha del éxodo y existen evidencias sólidas (la que más sobresale entre ellas es la declaración bíblica de 1 R. 6:1), derivadas de la arqueología y el registro bíblico de los sucesos que así lo indiquen, entonces Amenhotep II fue el faraón que gobernó durante este éxodo. Su reinado tuvo lugar aproximadamente desde el 1436 hasta el 1415 a.C., y él fue quien endureció su corazón contra Moisés y los israelitas, y cuya palabra no fue de fiar hasta que Dios tuvo que tratarlo con severidad mediante la muerte de su primogénito (Éx. 12:29).

De tales circunstancias viene el tema del Éxodo que es redención y liberación. Tras establecer una relación muy especial con Israel a través del pacto con Abraham, Dios ahora trata con su pueblo en términos de redención y así obrará de una manera gráfica y dramática su plan eterno de salvación para la humanidad.

Las características de Éxodo son abundantes y significativas, entre algunas de ellas tenemos:

1. El uso de milagros para acreditar al mensajero de Dios y cumplir el propósito de Dios de liberar a su pueblo de la esclavitud y sustentarlo en su peregrinaje mientras se dirigían hacia la Tierra Prometida. Esta lección acerca del poder sobrenatural de Dios constituye una base para la confianza del creyente en Él durante su andar diario en esta vida.

2. La institución de la Pascua como un medio que trajo la liberación de Israel de la esclavitud física como liberación al creyente del castigo merecido por el pecado. Este drama en que se derrama la sangre de un cordero representa la analogía típica del único camino de salvación: el derramamiento de la sangre del Cordero de Dios (Jn. 1:29; Éx. 12:1-36).

3. La provisión providencial de Dios, quien satisface las necesidades de su pueblo, tanto materiales como espirituales propias de su experiencia diaria: el maná (Éx. 16:35; Jn. 6:30-35; 1 Co. 10:3); la roca (Éx. 17:6; Jn. 6:35; 1 Co. 10:4).

4. La presencia de Dios con su pueblo mientras los guía cada día y los protege en la noche. Esto simboliza que Dios siempre está con su pueblo para guiarlo, controlarlo y protegerlo en toda circunstancia: la nube de día y la columna de fuego de noche (Éx. 13:21-22; Mt. 28:20); el tabernáculo con su gloria Shekinah y el propiciatorio, todo lo cual refleja la poderosa presencia de Dios mismo (Éx. 40:38-40; Jn. 1:14-18; 21:3); y el lugar señalado por Dios para la misericordia y la reconciliación: el propiciatorio (Ro. 3:25; 1 Jn. 2:2; 4:10; Éx. 37:6-9).

5. La inauguración del principio de la mediación por medio del sacerdocio, el cual también apunta en dirección al ministerio mediador del Salvador (Éx. 28:1–29:9; 1 Ti. 2:5-6).

6. La convicción que obra la ley divina en el pecador, a partir de los Diez Mandamientos dados en el pacto mosaico y la relación entre la ley y la gracia como se expone en Gálatas (Éx. 20:1-26; Gá. 3:1; 4:19-31; Ro. 4:1-25).

Por medio de estos elementos únicos se presenta el tema de la redención en el libro de Éxodo, y se hace un énfasis continuo en algo fundamental: que incluso en la transmisión de la ley y en la construcción del altar (el lugar para las ofrendas y los sacrificios), ninguna herramienta (la señal evidente del mérito humano) podía tocarlos: "Porque por gracia sois salvos por medio de la fe; y esto no de vosotros, pues es don de Dios; no por obras, para que nadie se gloríe" (Ef. 2:8-9).

El árido yermo del desierto de Sinaí. Dios sustentó a su pueblo mientras vagaban por el desierto hacia la Tierra Prometida.

BOSQUEJO PARA ESTUDIAR ÉXODO

1. La crueldad sufrida bajo los faraones 1:1–2:25
2. El llamamiento de Moisés, el libertador 3:1–4:31
3. La pugna con faraón 5:1–13:19
4. El cuidado providencial de Dios sobre Israel 13:20–19:2
5. El pacto con Moisés a favor de Israel 19:3–24:8
6. La construcción y uso del tabernáculo para el culto 24:9–30:38

Levítico

Aarón, el hermano de Moisés, fue ordenado por Dios para ser sacerdote. Sus hijos y descendientes ocuparían la posición sacerdotal en Israel. Los miembros del resto de su tribu, la de Leví, trabajarían como asistentes de este sacerdocio aarónico. El título "Levítico" significa "relacionado con los levitas" y proviene de la traducción del Antiguo Testamento al latín que se conoce como la Vulgata. Las primeras palabras del texto hebreo dicen "y él llamó", nombre con el cual fue designado por los judíos, y en tiempos del Talmud fue llamado "ley de los sacerdotes".

El tema del libro es la separación y santificación del pueblo escogido para su Dios, quien es infinitamente santo. Este tema se centra en la frase reiterada: "Porque yo soy Jehová vuestro Dios; vosotros por tanto os santificaréis, y seréis santos, porque yo soy santo..." (Lv. 11:44; cp. v. 45; 19:2; 20:7, 26). Para alcanzar esta santidad: la entrada a la presencia de Dios, solo se hace posible mediante la ofrenda sacrificada: "Porque la vida de la carne en la sangre está, y yo os la he dado para hacer expiación sobre el altar por vuestras almas; y la misma sangre hará expiación de la persona" (Lv. 17:11). Las ofrendas de sacrificios cumplían el propósito doble de la expiación: borrar el pecado y consagrar. La consagración es el acto divino de apartar para Dios.

Puesto que Levítico trata el tema de los sacerdotes como mediadores entre Dios y el hombre, así como la santificación del pueblo de Dios, se hace necesario que Dios establezca regulaciones que gobiernen todos los aspectos de la vida de su pueblo. Por supuesto, tales regulaciones fluyen a partir de la "relación de pacto entre Dios y su pueblo". En consecuencia, no existe solamente la necesidad de hacer expiación por el pecado, sino que también se necesitan leyes con respecto a la conducta religiosa, la pureza ética y la responsabilidad cívica. Estas áreas no solo manifiestan el amor del israelita hacia Dios, sino también su amor hacia el prójimo (Lv. 19:18). La ley puede entonces quedar resumida en la puesta en práctica de ese amor de doble dirección (Mr. 12:30-31).

La característica sobresaliente de Levítico en lo referente a los sacrificios es el día de la expiación. La observancia de este suceso anual era gobernada por requisitos estrictos. Nadie podía entrar a la presencia de Dios en el lugar santísimo fuera del sumo sacerdote, y él mismo a causa de la sangre únicamente.

Las imágenes representadas por el día de la expiación ofrecen la base para entender la carta a los hebreos que presenta a Cristo como el gran sumo sacerdote y la superioridad de su sacerdocio, según el orden de Melquisedec y por encima del de Aarón. Esta representación y los elementos asociados con ella en las ofrendas y sacrificios revelan una serie de factores:

El tabernáculo

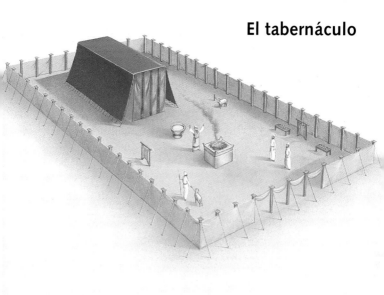

1. *Substitución:* Todo el cuadro en Levítico y en Hebreos demuestra que la ofrenda toma el lugar de quien la ofrece.

2. *Vindicación:* La santidad de Dios y la revelación de esa santidad que puede verse en su ley (Lv. 16:9; Ro. 3:24-26) son vindicadas. Esto se representa con la inmolación del macho cabrío que es ofrecido por el sumo sacerdote.

3. *Propiciación:* En ella se satisface la justicia de Dios y en el propiciatorio, Dios suspende los juicios y despliega su misericordia.

4. *Remisión:* Representada por el macho cabrío vivo cuando es enviado al desierto, los pecados del que ofrenda son perdonados, remitidos o desterrados, y la vida es renovada (Lv. 4:35; 16:21; Mt. 26:28).

5. *Perfección:* La ofrenda presentada debe ser sin defecto alguno (Lv. 1:3-9); esto con el fin de poder corresponder a Cristo, quien es la verdadera ofrenda perfecta y sin pecado (He. 4:15).

6. *Comunión:* El privilegio del creyente es tener comunión y compañerismo con Dios se ilustra en la ofrenda de paz que simboliza la paz con Dios y la comunión con Él sin obstáculos (Lv. 3:1-17; Ef. 2:14-18; Col. 1:20).

BOSQUEJO PARA ESTUDIAR LEVÍTICO

1. Instrucciones para los sacrificios 1–7
2. Consagración del sacerdocio aarónico 8–10
3. Legislación para la vida santa 11–15
4. Inauguración del día de expiación 16
5. Aplicación de normas éticas 17–22
6. Convocaciones, fiestas, estaciones y años sabáticos 23–25
7. Condiciones para la bendición o la disciplina por desobediencia 26
8. Estimación de votos 27

Números

Este título relativamente ordinario para el libro viene tanto del término griego *arithmoi* como del latín *numeri*, que significan "números". Esto se relaciona con las dos nomenclaturas de Israel (capítulos 1 y 26). Pero en el texto hebreo, el nombre por el cual los judíos llaman el libro se deriva de "*Bemidbar*" que significa "en el desierto" o en "el monte".

Este libro abarca el tiempo desde que Israel acampó cerca del monte Sinaí, y los preparativos hechos para partir de allí, incluso las peregrinaciones por el desierto hasta su llegada en las planicies de Moab. Todo esto duró casi treinta y nueve años.

Se ha planteado cierta oposición a la autenticidad del libro sobre la base de dos argumentos fundamentales distintos: objeción a la autoría de Moisés y hostilidad frente al cuidado sobrenatural y milagroso de un pueblo que había crecido hasta llegar a un número increíble después de un comienzo nada prometedor. El postulado planteado es que hubiese sido totalmente imposible para los israelitas en un tiempo tan corto en Egipto crecer de unas setenta familias a más de 600.000 hombres listos para el combate, sin contar las mujeres y los niños; la cantidad total de personas estaría entre dos y medio a tres millones. ¿Cómo se podría alimentar a tal número de personas por casi cuarenta años?

La respuesta al primer postulado se encuentra en la defensa ya mencionada acerca de la autoría mosaica del Pentateuco. Fue demostrado que no hay razones substanciales contra la autoría de Moisés que puedan contradecir el punto de vista tradicional de que él escribió los cinco libros. Resulta obvio que el libro de Números compone una unidad literaria con el resto de los libros del Pentateuco.

Al segundo postulado, el libro da su propia respuesta: el pueblo fue alimentado por el poder sobrenatural de Dios, quien proveyó maná (11:6-9). y codornices del mar (11:31). En cuanto al tremendo crecimiento numérico de la población, la razón por la cual fueron oprimidos en Egipto y porque Dios finalmente los liberó y sacó al desierto, fue que los egipcios tenían temor de ellos. Habían crecido con tanta rapidez gracias a la fertilidad inusitada de las mujeres israelitas (Éx. 1:7-22).

Algunas verdades espirituales muy importantes que caracterizan este libro:

1. Una de las bendiciones más hermosas que los representantes de Dios pueden dar al pueblo de Dios se encuentra en el capítulo 6, versículos 24 al 26. Es una oración en la que se pide la protección, cuidado y bendición de Dios sobre su pueblo. Si el pacto de Dios con ellos es mantenido, la bendición de Dios permanecerá.

2. La necesidad que los creyentes tienen en tiempos decisivos en lo relacionado con temas espirituales, de obedecer el mandato: "Esperad, y oiré lo que ordena Jehová acerca de vosotros" (Nm. 9:8). Se necesita hacer una pausa delante de Dios, estar quieto y escuchar lo que Dios tiene que decir para obedecerlo (Sal. 46:10).

3. Todo el libro de Números insiste de forma reiterada en la necesidad de tener fe implícita en Dios. Esto es en especial cierto entre los que son líderes del pueblo de Dios. Debe haber un reconocimiento de las áreas de mando y responsabilidad que les corresponden. Las acciones sediciosas de María y Aarón ilustran esto (12:1-16).

4. Un líder del pueblo de Dios se debe caracterizar siempre por humildad y mansedumbre genuinas, en especial cuando sus acciones de liderazgo son cuestionadas (12:3).

5. Las oportunidades para cumplir la voluntad de Dios deben ser aprovechadas siempre que se presenten. Los espías visitaron la Tierra Prometida, pero solo dos de ellos tuvieron el valor de recomendar que se cumpliese del todo con la voluntad de Dios. Con Dios todo es posible (cap. 13).

6. La obediencia a Dios es necesaria, pero aun si ocurre desobediencia no significa que Dios no esté dispuesto a bendecir. Por lo tanto, las bendiciones de Dios no son siempre señales de que el siervo de Dios esté cumpliendo la voluntad de Dios de la manera establecida por Él. A Moisés se le ordenó hablar a la roca para que fluyera agua, pero Moisés decidió golpear la roca en su enojo. Moisés desobedeció, pero la bendición vino de todas maneras; no obstante, Moisés perdió el privilegio de conducir el pueblo de Dios en la Tierra Prometida (20:1-12).

7. Cada individuo tenía una responsabilidad asignada en el trabajo en Israel para incrementar el bienestar de la nación. El creyente cuenta hoy con dones espirituales que le son dados para que esté en capacidad de cumplir sus responsabilidades en la iglesia local con el fin de contribuir al progreso de la obra de Dios (Nm. 1:1–10:10; 1 Co. 12:1-31; Ef. 4:11-13).

8. Una profecía notable relacionada con el Mesías vino de los labios de un profeta pagano bajo el control de Dios (24:17). Pero este mismo profeta ocasionó por ganancia monetaria, que Israel cometiera un pecado que resultó en la muerte de 24.000 israelitas. Lo que no se pudo cumplir mediante la profecía directa pronunciada por un profeta pagano para maldecir a Israel, se cumplió de forma indirecta al causar que Israel pecara.

BOSQUEJO PARA ESTUDIAR NÚMEROS

1. **Preparación para la partida del Sinaí 1–14**
   a. Organización del campamento 1:1–4:49
   b. Normas sobre pureza y separación 5:1–6:27
   c. La separación para el servicio espiritual 7:1–10:10
   d. Condiciones para marchar 10:11–11:35
   e. Insatisfacción entre varios grupos 12:1–14:45
2. **Problemas durante el paso por el desierto 15:1–21:35**
   a. Mandatos para el pueblo 15:1-41
   b. Conceptos del sacerdocio 16:1–18:32
   c. Rituales de consagración 19:1–20:21
3. **Las profecías de Balaam 22:1–25:18**
   a. Intento de maldecir a Israel 22:1–23:12
   b. Predicción de la conquista de Israel 23:13-24:25
   c. Alianza con los madianitas 25:1-18
4. **Anticipación de la posesión de la tierra 26:1–36:13**
   a. El censo 26:1-65
   b. Disposiciones varias 27:1–30:17
   c. El ataque a Madián 31:1-54
   d. Instrucciones para la ocupación 32:1–36:13

Por eso en las Escrituras el nombre de Balaam está asociado con todo lo falso y corrupto: El camino de Balaam (2 P. 2:15); el error de Balaam (Jud. 11); la doctrina de Balaam (Ap. 2:14).

Deuteronomio

El significado del nombre Deuteronomio es "segunda entrega de la ley" o "repetición de la ley". La palabra viene de la traducción griega del Antiguo Testamento o Septuaginta (LXX), y de la traducción latina o Vulgata. La palabra griega es *deuteronomion*, y la latina es *deuteronomium*. El nombre hebreo es *Elleh haddebarim*, las primeras palabras del texto hebreo y quieren decir: "estas son las palabras".

Deuteronomio contiene los últimos discursos dados por Moisés al pueblo de Dios en las planicies de Moab. Estos discursos no son simplemente una "repetición de la ley". Son en realidad extractos de esa fe religiosa que es el contenido de la conducta ética demandada de un pueblo que se encuentra en una relación de pacto con el Dios vivo y verdadero. La base de esta fe y las exigencias éticas puestas sobre Israel se encuentran en dos frases clave del libro:

(1) "Oye, Israel: Jehová nuestro Dios, Jehová uno es. Y amarás a Jehová tu Dios de todo tu corazón, y de toda tu alma, y con todas tus fuerzas" (Dt. 6:4-5).

El sol se refleja sobre la superficie del Mar Muerto. La costa que se observa en la distancia constituye las llanuras de Moab.

(2) "Porque tú eres pueblo santo para Jehová tu Dios; Jehová tu Dios te ha escogido para serle un pueblo especial, más que todos los pueblos que están sobre la tierra. No por ser vosotros más que todos los pueblos os ha querido Jehová y os ha escogido, pues vosotros erais el más insignificante de todos los pueblos; sino por cuanto Jehová os amó, y quiso guardar el juramento que juró a vuestros padres" (Dt. 7:6-8).

Aquí yace la *fuente* de la relación de pacto entre Dios y su pueblo: la decisión soberana de escoger por parte del único Dios del cielo y la tierra. Aquí también se encuentra el fundamento o base sobre la cual fue hecha esta *elección*: el amor misericordioso de este Dios. Además, encontramos la motivación por la cual el cumplir la responsabilidad del pacto será gobernada: "amarás a Jehová tu Dios con todo tu corazón".

La fidelidad del pueblo a este pacto será juzgada por su obediencia o desobediencia a la ley por la cual serán bendecidos más allá de lo calculable; si no son fieles a esta ley, será castigados severamente (Dt. 29:9-29). Por otro lado, la obediencia siempre debe provenir de un corazón que ama. La obediencia al ritualismo de la ley nunca puede tomar el lugar de la obediencia por amor (1 S. 15:22). Al leer este libro con entendimiento se puede sentir el dolor en el corazón de Dios a medida que procura sentir la respuesta de amor del hombre, y así poner de manifiesto la relación vital de un pueblo de pacto con su Dios. Por lo tanto, Deuteronomio no debe considerarse como un simple resumen de demandas legislativas de parte de Dios a su pueblo, sino como un deseo de Dios en su compasión y amor para que la respuesta del deber del hombre se fundamente en un pacto de amor incomparable.

MOAB

BOSQUEJO PARA ESTUDIAR DEUTERONOMIO

1. Análisis del conflicto en el desierto 1–4
2. Explicación reiterada de las leyes dadas en Sinaí 5–26
3. Exposición de los encomios por la obediencia y la condenación por desobediencia 27–28
4. Detalles del pacto concerniente a la tierra 29–30
5. Relato de los sucesos finales 31–34

Lecciones distintivas de Deuteronomio

1. Dios muestra con claridad que no siempre responderá nuestras oraciones de acuerdo a nuestros deseos. Moisés rogó de nuevo por el privilegio de entrar a la Tierra Prometida, pero Dios negó su petición y le recordó su desobediencia por medio de la ira ocasionada por la rebelión del pueblo de Dios (3:23-28).

2. El mandamiento más importante de Dios para el hombre y la responsabilidad más importante del hombre en esta vida es amar a Dios con todo su ser (6:5; 10:12; 11:1, 13, 22).

3. La decisión soberana de Dios de escoger a Israel como su pueblo se apoya en una relación específica con el mandato de Dios para ese pueblo. Dios espera devoción y obediencia (cap. 11).

4. El creyente siempre debe estar alerta contra cualquier posibilidad de idolatría. Un ídolo es cualquier cosa que se interpone en la relación de una persona con Dios (cp. cap. 7).

5. Dios es fiel en sus promesas a su pueblo. Las bendiciones de Dios no fluyen debido a la justificación del hombre, sino a partir de la gracia de Dios. Sin embargo, la rebelión traerá el castigo de Dios (cp. caps. 9—10).

6. La gran profecía de un profeta "como Moisés" tuvo su cumplimiento en Cristo (Jn. 5:46; Hch. 3:22). Deuteronomio refuerza el gran papel del pueblo de Dios como el medio por el cual la salvación vendría a la humanidad (Jn. 4:22).

7. La gracia de Dios al proveer refugio para su pueblo en tiempos de necesidad queda demostrada en las ciudades de refugio que se eligieron (4:41-43). El plan para su uso se observa en 19:1-13. Para el creyente, Dios es un lugar de refugio y una ayuda real en tiempos difíciles (Sal. 27:5; 91:1-11).

8. Dios es el Dios de la historia, y Él ha pintado la historia de su pueblo en el lienzo de su Palabra. La historia de los judíos ha testificado la veracidad de esto y la existencia del pueblo judío, como uno de los enigmas más grandes de la historia, también es la gran vindicación de la verdad de la Palabra de Dios (caps. 28—30).

9. Ser fiel en leer y estudiar la Palabra de Dios es necesario para mantenernos lejos del pecado y la desobediencia (31:1-13).

10. El llamado oportuno de Dios siempre llega en el momento apro-

piado para que una persona preparada lo responda. Esa preparación viene muchas veces al trabajar junto con y bajo la sombra de otro siervo de Dios como Josué lo hizo fielmente con Moisés (31:7-8).

11. Dios, en su tiempo y providencia, cambia a sus obreros, pues ningún hombre es indispensable. Sin embargo, cuando ese momento llega, no siempre resulta fácil para el obrero, como lo revela la triste escena en el monte Nebo (34:1-4).

12. Aunque Dios cambie a sus obreros, la obra de Dios siempre continúa (34:5-12).

Un judío ortodoxo lee las Escrituras hebreas ante el muro occidental de la santa Jerusalén. La lectura sistemática y el estudio de la Palabra de Dios son necesarios para que nos apartemos del pecado y la desobediencia.

Los libros históricos

Los libros desde Josué hasta Ester han sido llamados libros históricos porque detallan los sucesos de la historia de Israel desde la conquista de Canaán hasta los cautiverios en Asiria y Babilonia, y el regreso y restauración bajo Esdras y Nehemías. Mediante la presentación detallada de sucesos históricos, tratan cronológicamente el resto del material bíblico hasta el ministerio de Malaquías. Por lo tanto, se extienden por un período de casi mil años.

Josué conquistó la Tierra Prometida para Israel; los jueces procuraron mantenerla libre de opresión hasta el tiempo bajo Samuel cuando el pueblo clamó a Dios por un rey, como Moisés había predicho que lo harían (Dt. 17:14). Dios les concedió entonces un rey, Saúl, quien "de hombros arriba sobrepasaba a cualquiera del pueblo" y tras un comienzo promisorio, Saúl se prostituyó a tal grado en su posición a causa de la desobediencia, que Dios le quitó el reino (1 S. 15:1-35). En su lugar Dios ungió a David, a quien dio la promesa de que su reino duraría por siempre (2 S. 7:16).

El reino de Israel experimentó mucha confusión desde la remoción de Saúl hasta el tiempo del ascenso efectivo de David. Saúl se esforzaba por matar a David, quien al proponerse no levantar su mano contra el ungido de Dios, huyó de Saúl. La imagen de este tiempo es la de un rey recién ungido que lucha dividido entre su amor y lealtad hacia Saúl, y la espera paciente del tiempo y las circunstancias para el cumplimiento del designio de Dios sobre su ocupación del trono.

Bajo David y Salomón, el reino alcanzó la cúspide de gloria, poder y extensión que nunca antes había logrado. Sin embargo, la apostasía de Salomón trajo como consecuencia la división en el *reino de Israel* (las diez tribus del norte), que permaneció hasta el año 722 a.C., cuando fue conquistado por los asirios; y el *reino de Judá* (las dos tribus del sur), que fue llevado cautivo a Babilonia en el año 586 a.C. tras ser sometido por Nabucodonosor.

Los libros históricos concluyen con el regreso del pueblo de Israel tras la cautividad bajo el liderazgo de Esdras y Nehemías, así como su restauración en la tierra.

Josué

El nombre de este libro se deriva del líder de los israelitas durante la conquista de Canaán: Josué. El libro narra la historia de Israel en su entrada a la Tierra Prometida bajo el liderazgo de Josué, y el asentamiento en la tierra. Aunque las tribus de Rubén, Gad y la media tribu de Manasés permanecieron al oriente del Jordán, las demás cruzaron y ocuparon sus áreas asignadas. La lucha que precedió a la radicación no fue fácil, y en varias ocasiones fue necesaria la intervención sobrenatural.

Josué significa "Jehová salva" o "Jehová es salvación". El nombre hebreo Josué corresponde al nombre griego Jesús. Por lo tanto, en la venida del Señor Jesús y en su nombre "Jesús", se establece una analogía entre el Josué del Antiguo Testamento y el Jesús del Nuevo. De la misma manera que Josué fue escogido y comisionado para entrar en Canaán a conquistar la tierra para el pueblo de Dios, tras recibir la confirmación de que Dios lo acompañaría, el creyente también es comisionado por el Señor Jesucristo a ir predicando el evangelio y se le asegura que Cristo lo acompañará (Mt. 28:19-20; Jos. 3:7). De la misma manera que Josué guió a los israelitas a la Tierra Prometida, el Señor Jesús guía a los que confían en Él para llegar al cielo prometido. Así como Josué pasó años en la sombra preparándose bajo el liderazgo de Moisés para guiar al pueblo de Dios, (Éx. 17:8-16; 33:11; Nm. 33—34; Dt. 31:7), Jesucristo pasó años en silenciosa preparación para dar su vida a fin de redimir a los pecadores (Mt. 20:28).

Muchos han objetado que se acredite a Josué la autoría de este libro. Proponen que el libro es un agrupamiento de trabajos provenientes de diversas fuentes, compilados más adelante por un grupo de editores. Sin duda Josué empleó *fuentes*, pero de igual manera él escribió el libro a excepción de algunas secciones obvias, como la narración de su muerte (24:29-30). Josué hace referencia, por ejemplo, al libro de Jaser (10:13) como una de sus fuentes. La principal evidencia de que él mismo escribió la mayor parte del libro proviene de que él indica ser testigo de los hechos (5:1). No hay ninguna razón adecuada para dudar de la autoría de Josué.

Está claro que el propósito de este libro es registrar los sucesos asociados con la colonización israelita de la Tierra Prometida. Por lo tanto, forma el vinculo histórico que relaciona los pasos preparatorios de Israel registrados en el Pentateuco y la existencia como nación definida en Canaán.

El libro expone la lucha militar por Canaán y la división de la tierra entre las tribus que entraron. En todo esto se revela el poder sobrenatural de Dios al cumplir sus promesas a su pueblo.

BOSQUEJO PARA ESTUDIAR JOSUÉ

1. **La conquista de Canaán 1—12**
   a. La comisiones presentadas 1:1–2:24
   b. El cruce realizado 3:1–5:1
   c. El campamento en Gilgal descrito 5:2-15
   d. Las campañas emprendidas 6—12
2. **El poblamiento de Canaán 13—24**
   a. Las partes designadas 13—21
   b. La comisiones a las tribus presentadas 22—23
   c. El pacto renovado 24

Acontecimientos principales del libro de Josué

1. Dios demuestra que Él es el Dios de fidelidad y poder. Él mantiene su acuerdo del pacto (caps. 1—6).

2. Dios no puede tolerar el pecado cuando ocurre, Él levanta su mano y el hombre sufre las consecuencias de su pecado (cap. 7). Cuando se trata el pecado y hay arrepentimiento, se restaura la guía y bendición de Dios (cap. 8).

3. Dios revela su poder en maneras especiales y mediante milagros cuando su pueblo así lo necesita. El milagro del día prolongado ilustra esto. Se ordenó al sol que se detuviera y así lo hizo (10:12-14).

4. La declaración de Dios en el sentido de que los cananeos fuesen exterminados ha sido difícil de comprender para algunos, pero al considerar la inmoralidad de ellos se entiende que era necesario (Dt. 7:1-5; Jos. 11:20). Los cananeos adoraban serpientes y participaban en rituales libertinos de fertilidad con toda clase de orgías y vicios sexuales. De esa manera rendían culto a sus dioses. Quizá esto explica la ocupación de Rahab. ¿Sería una prostituta de la religión pagana? Dios no quería que su pueblo se contaminara con esas prácticas ni que las adoptaran. Cuando los israelitas optaron por no exterminarlos por completo, cayeron en sus prácticas religiosas pecaminosas y sufrieron el juicio de Dios y el castigo del cautiverio. De nuevo, la desobediencia trae con ella su propio castigo.

5. Dios ordenó al pueblo que erigiera un monumento con 12 piedras tomadas del río Jordán después de cruzarlo, para que por ese medio enseñasen a sus hijos a conocer el poder de Dios y a reverenciar al Señor por siempre (4:1-24). Para el creyente esto recalca la necesidad de instruir a sus hijos en la Palabra de Dios y ocuparse en que ellos comprometan sus vidas con Él.

6. Dios informa a Israel, a través de Josué, la necesidad de que todos tomen la decisión eterna de escoger o rechazar a Dios (24:14-15). Es una decisión que todo hombre debe tomar cuando se le confronta.

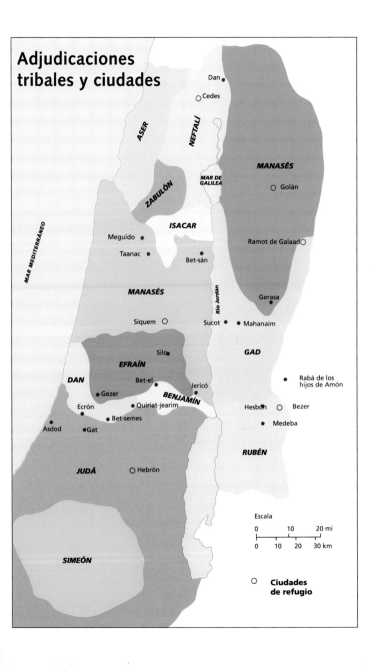

El período desde Jueces hasta el Reino dividido

Fecha	Ref. bíblica	Juez
1367–1359	Jueces 3:8	
1359–1319	Jueces 3:11	Otoniel
1319–1301	Jueces 3:14	
1301–1221		Aod, Samgar
1221–1201	Jueces 4:3	
1201–1161	Jueces 5:31	Débora y Barac
1161–1154	Jueces 6:1	
1154–1110	Jueces 8:28	Gedeón, sus hijos
	Jueces 9:22	Abimelec
	Jueces 10:7f.	Tola, Jair
1110–1104	Jueces 12:7	Jefté
1104–1064	Jueces 13:1	Ibzán, Elón, Abdón
		Jueces 15:20, 16:31
		1 Samuel 4:18
1064–1044	1 Samuel 7:2	Samuel
1044–1004	Hechos 13:21	Saúl
1011–971	2 Samuel 5:5	David
971–931	1 Reyes 11:42	Salomón
931	1 Reyes 12:19	División del reino

Jueces

La historia de este libro es la enumeración de los sucesos relacionados con Israel adaptándose en su territorio después del poblamiento de Josué y las tribus que cruzaron el Jordán. Es la historia de cómo las tribus se fueron convirtiendo en entidades políticas, buscando poblar sus territorios y obtener otros más adecuados para su sostenimiento. A esto se sumó la infidelidad espiritual que caracterizó al pueblo de Dios. Al fracasar en cumplir fervorosamente el mandato divino de exterminar por completo a los cananeos y sus religiones idólatras, los israelitas cayeron fácilmente en la trampa de la idolatría.

En vista de las circunstancias políticas, cuando varios pueblos oprimían

Opresor / tiempo de reposo	Faraón egipcio
Opresión aramea/mesopotámica en días de Asur-ubailit	
REPOSO	Horemjab (1342–14)
Moabitas	
REPOSO	Ramsés II (1301–1234) Merenptáh (1234–22)
Cananeos	Ramses III (1195–64)
REPOSO	
Madianitas	
Amonitas	
	Ramsés, IV–XI (1164–1085) Vigésima dinastía (débil)
Filisteos (I)	Vigesimoprimera dinastía (1085–950)
Sansón (c 1094–74)	
Elí (40 años LXX 20 a.)	
Filisteos (II)	

a las tribus israelitas, casi siempre en una situación limitada o localizada en cierta área, y debido a la decadencia espiritual que experimentaron, Dios envió líderes llamados jueces para motivarlos, y cuando se arrepentían de sus pecados les concedía períodos de paz política y espiritual.

Es a partir del liderazgo ejercido por estos jueces que el libro recibe su nombre. Los hebreos llamaban a este libro *shopetim* que significa "jueces". En nuestra versión castellana se designa como Jueces. Durante el transcurso de la historia de Israel, desde la muerte de Josué hasta le llegada del liderazgo de Samuel, unos quince jueces fueron levantados por Dios para rescatar a este pueblo, a veces por medios militares, de las manos hostiles de opresores y también de su propia decadencia espiritual.

Con la venida de los jueces, Dios empezó a reinar y dirigir sobre su pueblo de forma indirecta. La relación directa que Él mantuvo con los patriarcas, con Moisés y con Josué, había empezado a desvanecerse.

BOSQUEJO PARA ESTUDIAR JUECES

1. El estado de los tiempos 1:1–3:7
2. Los conflictos de las naciones con los jueces 3:8–16:31
3. Las consecuencias de la apostasía 17:1–21:25

Este período de los jueces constituye un preludio a ese tiempo en el que existiría una monarquía. En cumplimiento de la profecía de Moisés, el pueblo estando bajo el liderazgo de Samuel comenzó a clamar por un rey (Dt. 17:14-20; 1 S. 8:1-22). Dios se los concedió.

El período de los jueces se caracteriza como ese tiempo cuando "cada uno hacía lo que bien le parecía" (Jue. 21:25). Esta declaración revela la carencia de unidad entre las tribus. Sin un gobierno central era difícil mantener el orden. Por eso la frecuencia en el cambio de líderes y la necesidad de que Dios manifestara su poder para librarlos, a veces por intervención milagrosa.

La pregunta acerca de la autoría del libro no puede ser contestada con certidumbre. La mayoría de los eruditos declaran sencillamente que es desconocida, en tanto que algunos afirman que Samuel pudo haber compilado la historia de aquellos tiempos.

Algunos rasgos sobresalientes del libro de Jueces

1. El claro fracaso de Israel en mantenerse fiel a sus obligaciones de pacto con Dios. No tomó mucho tiempo para que faltaran a sus compromisos espirituales con Dios siguiendo el ejemplo de sus vecinos idólatras.

2. La clara fidelidad de Dios a sus responsabilidades sobre la base del pacto y su perdón lleno de gracia para Israel cuando se arrepentían, tras lo cual Él los libraba de sus opresores y les daba descanso.

3. El hermoso cántico de Débora (5:1-31), adorando y alabando a Dios por todas sus providenciales bondades.

4. La paciencia de Dios al animar a Gedeón confirmando su llamado a través del vellón, así como su poder para librar milagrosamente a su pueblo.

5. La triste historia de Sansón el nazareo, quien prostituyó su relación espiritual con Dios y se rindió a sí mismo y lo que valía para Dios por la lujuria de una mujer pagana. Pero de nuevo Dios fue fiel y lo restauró en sus últimos momentos.

6. El terrible pecado de la tribu de Benjamín, las matanzas que resultaron y después la reconciliación de las demás tribus con la tribu de Benjamín.

Se demuestra de nuevo que el pacto trae su propio castigo y también demuestra que cuando el pueblo peca, no solo se hace daño a sí mismo, sino que siempre hace daño a los inocentes.

Rut

Una de las más hermosas historias de amor y lealtad se encuentra en este libro. Es una historia centrada en Rut, el personaje principal de los sucesos descritos. Estos acontecimientos al parecer ocurrieron durante las primera parte de la historia narrada en Jueces. Su nombre, Rut, no tiene un significado seguro, pero se han sugerido cuatro posibilidades: "poquito", "amistad", "compañera", "refrigerio".

Belén

La situación histórica del libro corresponde al comienzo del libro de Jueces, mas el tiempo de su escritura fue el de David, un descendiente de Booz y Rut (4:17-21). El autor del libro es desconocido.

Un tiempo de hambre, según dice la historia, forzó a Elimelec y Noemí a emigrar rumbo a Moab. Sus dos hijos, Mahlón y Quelión, se casaron con dos mujeres moabitas: Rut y Orfa. Una triple tragedia sobrevino a la familia cuando uno tras otro los tres hombres murieron.

La parte central de la historia se desarrolla cuando Noemí decide regresar a Judá. Al despedirse de sus nueras, Noemí insiste en que debe regresar a Judá y ellas deben permanecer en Moab. Les dice que aunque fuera posible que ella diese a luz hijos, ellas no podrían esperar hasta que alcanzaran edad para el matrimonio. Aunque Orfa decide quedarse en Moab, nada puede detener la dedicación y determinación de Rut para ir con Noemí. Ella dice: "No me ruegues que te deje, y me aparte de ti; porque a dondequiera que tú fueres, iré yo, y dondequiera que vivieres, viviré. Tu pueblo será mi pueblo, y tu Dios mi Dios. Donde tú murieres, moriré yo, y allí seré sepultada; así me haga Jehová, y aun me añada, que sólo la muerte hará separación entre nosotras dos" (1:16-17).

El regreso a Judá demuestra la providencia de Dios en acción. Rut conoce a Booz mientras recoge lo que queda en los campos después de la cosecha para su sustento y el de Noemí. Booz es pariente de Elimelec, y desea ejercer su derecho como pariente de la viuda. Encuentra al pariente más cercano y descubre que este no puede cumplir dicha responsabilidad (3:1-8). De este modo, Booz queda en libertad de cumplir tal derecho legal. Al casarse con Rut levantaría simiente para Elimelec y Mahlón, al cumplir las leyes del matrimonio por levirato (Dt. 25:5-10). Por este acto, Rut, la moabita y gentil, entra en la genealogía mesiánica como la bisabuela de David.

Puntos interesantes del libro de Rut

1. Son conmovedores el profundo amor, lealtad y dedicación espiritual de Rut. Por sus acciones le hace un gran servicio y honor a todas las mujeres por su tremenda profundidad de percepción espiritual: "Tu pueblo será mi pueblo, y tu Dios mi Dios". Rut decidió abandonar el paganismo y recibir salvación del Dios verdadero.

2. Se sobreentiende la hermosa lección de que el Mesías no solo es el Salvador de los judíos sino de todos los pueblos de la tierra. Gracias a esta maravillosa historia, sabemos que desde mucho tiempo atrás los

BOSQUEJO PARA ESTUDIAR RUT

1. El regreso de Noemí y Rut a Belén 1:1-22
2. Las cosechas de Booz y el sustento de Rut 2:1-23
3. La responsabilidad del pariente de redimir 3:1-18
4. La redención de la propiedad de Noemí y la boda de Rut 4:1-22

gentiles habían entrado en la línea mesiánica. También es una historia rara, pues Rahab (una prostituta cuya vida fue preservada por Josué), fue la madre de Booz (Mt. 1:5).

3. El ejercicio por parte de Booz de la ley antigua que regula la redención de propiedades y la antigua costumbre de completar un negocio por medio de quitarse el calzado (4:7), muestran que los sucesos ocurrieron antes de la monarquía. El simbolismo parece indicar que la posesión del calzado permitía al individuo tener el derecho de poner pies sobre esa tierra y tomar posesión legal de ella.

4. La gracia de Dios es muy evidente en al caso de Rut, pues se le permitió el derecho de un esposo y su simiente. A ningún moabita o amonita se le permitía entrar a la congregación del Señor, como lo estipula Deuteronomio 23:3: "No entrará amonita ni moabita en la congregación de Jehová, ni hasta la décima generación de ellos; no entrarán en la congregación de Jehová para siempre". En el caso de Rut se aplica la gracia en lugar de la ley.

5. De esta manera el libro presenta con claridad el linaje de David (1 S. 16:1-13), y explica por qué David confió en sus padres al residir bajo la protección de Moab por un tiempo (1 S. 22:3-4).

Primero y Segundo Samuel

Ya que los dos libros son tratados como uno en el texto hebreo, es mejor considerarlos como uno en esta discusión. En el texto castellano, al igual que en la Biblia hebrea moderna, son listados como libros separados. La traducción al griego del Antiguo Testamento también los consideraba separados, y los llamaba Libros de los reinos. Junto con los dos libros de Reyes, conforman los Libros de los reinos.

Los libros de Samuel cubren un período de tiempo de más de un siglo: desde el voto de Ana, hasta la mayor parte del reinado de David. El propósito de estos libros fue registrar los sucesos asociados con el establecimiento de la monarquía, el ungimiento de Saúl y su posterior caída, y el ungimiento de David, así como la mayor parte de su reinado.

En cierto sentido, Samuel es la figura principal en estos libros, aunque los libros principalmente registran los sucesos relacionados con los reinados de Saúl y David. La importancia de Samuel no se derivó tanto de lo que hizo como de lo que *fue*. Samuel fue el juez que relacionó el período de los jueces con el período de la monarquía. Provino de linaje sacerdotal y fue sacerdote y profeta (1 S. 3:20; 11:15; Hch. 3:24). Fue el guía espiritual del pueblo y el hombre que tenía acceso a Dios. Fue quien ungió tanto a Saúl como a David. Sin las labores de Samuel bajo la guía y el control de Dios, los sucesos de este libro no hubiesen podido ocurrir. Por esta razón los libros llevan su nombre.

La autoría de los libros no es clara. Se han propuesto varios nombres como posibles autores. Es factible que todos los sugeridos tengan alguna parte en la autoría. Hombres como Samuel, Natán y Gad el vi-

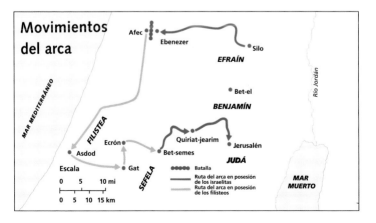

BOSQUEJO PARA ESTUDIAR 1 Y 2 SAMUEL

1. Samuel es establecido en su ministerio 1 Samuel 1:1—7:17

2. Dios permite a Israel tener un rey 1 Samuel 8:1-22

3. Saúl es ungido y ejerce su reinado 1 Samuel 9:1—15:35

4. Saúl se enfrenta a David 1 Samuel 16:1—31:13

5. David asciende al trono 2 Samuel 1:1—8:18

6. Las actividades de David como rey 2 Samuel 9:1—24:25

dente escribieron en algunas ocasiones (1 S. 10:25; 1 Cr. 29:29). Tal vez Samuel escribió la primera parte de 1 Samuel, pues su muerte no se registra hasta 1 Samuel 25:1. El resto de estos libros no tiene autores indiscutibles.

Aunque estos libros parecieran ser simples registros históricos, tienen muchas enseñanzas espirituales:

1. Una madre tan dedicada a Dios como Ana fija una pauta para las madres creyentes acerca de la manera en que deben educar a sus hijos para el Señor (1 S. 1:11, 24-28).

2. El padre necesita dar un buen ejemplo para sus hijos e impartir disciplina correcta, para que puedan caminar en la senda de Dios. Esto puede verse con claridad en el fracaso de Elí (2:22-25; 4:12-18).

3. Cuando la ocasión lo demanda, Dios puede hacer lo que necesita sin la ayuda del hombre (2 S. 6:6-7).

4. Cuando Dios da gran responsabilidad, exige completa obediencia, y pide cuentas del hombre que le desobedece (1 S. 12:8-14; 15:24-31).

5. Un hombre completamente dedicado a llevar a cabo las obras de Dios de acuerdo al plan de Dios, no tiene que temerle a ninguna labor puesta delante suyo, sin importar cuán imposible parezca ser (1 S. 17:29-58).

6. Siempre hay un orden divino de autoridad, y ningún hombre tiene derecho de trastocarlo. Las acciones de David hacia Saúl claramente ilustran esto (1 S. 24:10; 26:33).

7. Dios no habla a los hombres desde ultratumba aparte de lo que ya les ha sido revelado en su Palabra (1 S. 28:15-20; cp. Lc. 16:19-31).

8. Se requiere de un hombre grande e íntegro para recordar y hacer provisión a quienes no pueden reclamar nada suyo cuando ocupa lugares de gran responsabilidad y fama (2 S. 9:9-13).

9. Cuando un hombre es confrontado a la convicción de su pecado debe buscar el perdón divino, aunque deba sufrir severamente por su pecado (2 S. 15:7-12).

10. Los más grandes sufrimientos de un padre algunas veces provienen de uno de sus propios hijos (2 S. 15:7-12).

11. Dios nunca se olvida de las promesas de su pacto con los hombres, y hace un pacto con David en el cual le promete que su reino será eterno (2 S. 7:4-17).

Los libros de Reyes

El título de la versión castellana viene de la Vulgata de Jerónimo, una traducción al latín del Antiguo Testamento. En el texto hebreo los libros son una continuación de la historia de la monarquía, y son un solo libro. La división en dos libros vino con la traducción griega del Antiguo Testamento, la Septuaginta, en la cual fueron llamados Reinos III y IV.

El autor de los libros, quien no puede ser identificado con certeza, empieza con el ascenso de Salomón al trono y concluye con la rebelión de Sedequías contra Babilonia y la subsecuente destrucción de Jerusalén. El último suceso registrado es el acto bondadoso del rey de Babilonia al soltar a Joaquín de la prisión (2 R. 25:27-30).

Aunque el autor de los libros no se puede determinar de forma dogmática, quien los escribió tenía fuentes escritas de las cuales tomó diversos materiales. Se mencionan tres fuentes escritas: (1) "El libro de los hechos de Salomón" (1 R. 11:41); (2) el libro de "las crónicas de los reyes de Judá" (1 R. 14:29); (3) "el libro de las historias de los reyes

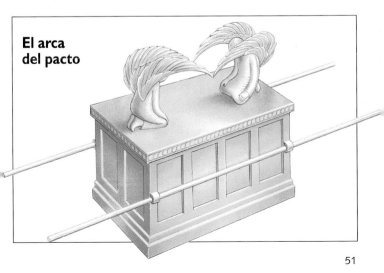

El arca del pacto

Reino del Norte		Reino del Sur	
Primera dinastía			
Jeroboam I	931–910	Roboam	931–914
Nadab	910–909	Abiam	913–910
Segunda dinastía			
Baasa	909–886	Asa	909–868
Ela	886–885		
(Zimri)	885		
Tercera dinastía			
Omri	885–874		
Acab	874–853	*Josafat	872–847
Ocozías	853–852	*Joram	852–841
Joram	852–841	Ocozías	841
		Atalía	841–835
Cuarta dinastía			
Jehú	841–814	Joás	835–796
Joacaz	814–798		
*Joás	798–782	*Amasías	796–767
*Jeroboam II	793–753	*Azarías (Uzías)	791–739
Zacarías	753		
Últimos reyes			
Salum	752	*Jotam	752–736
Manahem	751–742		
Pekaía	741–740	*Acaz	(743)
Peka	740–732		736–720
Oseas	732/1–722	*Ezequías	729/8–699
		Manasés	698–643
		Amón	642–640
		Josías	640–609
		Joacaz	609
		Joacim	609–598
		Joaquín	598
		Sedequías	597–586

* corregencia

Templo de Salomón

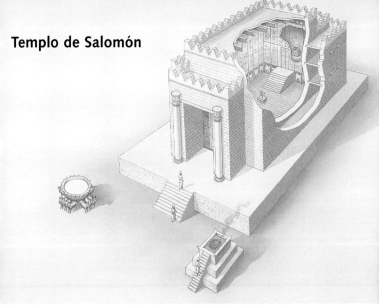

de Israel" (1 R. 14:19); y es posible que una cuarta fuente, Isaías (capítulos 36–39).

El Talmud asegura que Jeremías fue el autor. El ministerio profético de Jeremías y sus actividades literarias respaldan esta opinión, aunque alguien en Babilonia tuvo que agregar 2 Reyes 25. De todos modos, no se puede afirmar con certeza quién fue el autor.

El pacto y la necesidad de que el pueblo de Dios le sea fiel son aspectos prominentes en estos libros. La conducta de los reyes es evaluada como buena o mala a la luz de su fidelidad personal al pacto. Por esta razón los actos proféticos caracterizan los libros. Las responsabilidades de los profetas eran recordar al pueblo sus obligaciones de pacto, advertir en contra de la idolatría, denunciar sus pecados y exhortar al pueblo a arrepentirse y volverse a Dios. El juicio divino era la consecuencia de no arrepentirse y volver a Dios. El cautiverio que siguió a este tiempo demostró el fracaso del pueblo en mantenerse fiel en su obediencia al Pacto.

MESOPOTAMIA

Babilonia

BOSQUEJO PARA ESTUDIAR 1 Y 2 REYES

1. La decisión de nombrar a Salomón como rey 1 Reyes 1:1—4:34
2. La dedicación del templo por parte de Salomón 1 Reyes 5:1—9:25
3. El deterioro del reinado de Salomón. 1 Reyes 9:26—11:43
4. La división del reino de Salomón. 1 Reyes 12:1—2 Reyes 8:29
5. La dinastía de Jehú y el auge del poder de Israel. 2 Reyes 9:1–15:12
6. La supremacía de los asirios 2 Reyes 15:13–21:26
7. La decadencia y el cautiverio de Judá 2 Reyes 22:1–25:30

Los libros de Crónicas

Una característica singular de estos libros es la manera como siguen la historia humana desde Adán hasta el decreto de Ciro en 538 a.C. que permitió la reconstrucción del templo de Jerusalén. Empezando con el primogénito de la raza humana, Adán, y enfocándose en las tres tribus fieles de Judá, Benjamín y Leví, se presenta con detalles una genealogía precisa. Este método revela que desde el punto de vista de Dios, la historiografía tiene importancia solo en la medida en que se relaciona con su pueblo escogido de Israel.

Esto también se mantiene de acuerdo con el propósito del libro. El trabajo de mantener las actas genealógicas era asignado a los sacerdotes. Esta importante labor se valoraba aun por encima del servicio de los profetas, lo que confería una mayor importancia a la tribu de Leví. Saúl, el primer rey de Israel, provino de la tribu de Benjamín y aunque se hace una mención breve de él en el listado, ocupó un lugar importante en la historia. David, de la tribu mesiánica de Judá, fue el gran rey de Israel a quien Dios dio el pacto y promesa de un reino sin fin. Es acerca de su gran dinastía, de su hijo Salomón y de los servicios sacerdotales en la alabanza, principalmente en el templo de Salomón, que trata la mayor parte de este libro. Solo de forma parcial se presta alguna atención al reino del norte, y es apenas en lo que tiene que ver con el reino del sur.

El título de estos libros en su forma castellana viene de la Vulgata latina de Jerónimo. Él tradujo el título hebreo *dibre hayyamin* ("palabras de los tiempos") como *Liber Chronicorum* (libro de crónicas). La Septuaginta o versión griega los llamó *Paraleipomenon proton kai deuteron* que significa primer y segundo libro de "omisiones". Este título posiblemente apunta al hecho de que se incluyen sucesos no incluidos en los libros de Reyes.

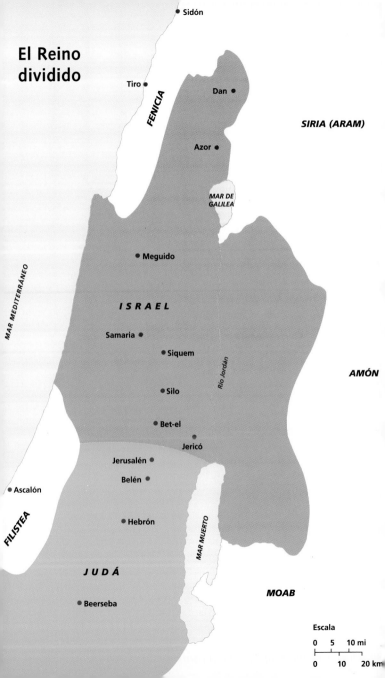

BOSQUEJO PARA ESTUDIAR 1 Y 2 CRÓNICAS

1. El registro de la genealogía de David y su reinado
   1 Crónicas 1:1—29:30
2. El reinado de Salomón 2 Crónicas 1:1—9:31
3. Los gobernadores de Judá 2 Crónicas 10:1—36:23

La tradición judía asigna a Esdras el crédito como autor de los libros. La temática y el estilo lingüístico apoyan esta tradición. Fuera de esto, no hay mucha certeza sobre el autor. Sin importar quién haya sido el autor, este tenía una gran cantidad de recursos a su disposición. Se mencionan o emplean los siguientes documentos: (1) "el libro de las crónicas de Samuel vidente" (1 Cr. 29:29); (2) "los libros del profeta Natán,... la profecía de Ahías silonita, y en la profecía del vidente Iddo" (2 Cr. 9:29); (3) "los libros del profeta Semaías y del vidente Iddo,... el registro de las familias" (2 Cr. 12:15); (4) "las palabras de Jehú hijo de Hanani, del cual se hace mención en el libro de los reyes de Israel" (2 Cr. 20:34); (5) "el libro de los reyes de Judá y de Israel" (2 Cr. 25:26); (6) "la profecía del profeta Isaías hijo de Amoz, en el libro de los reyes de Judá y de Israel" (2 Cr. 32:32).

La referencia al "libro de los reyes de Judá e Israel" normalmente es interpretado por autoridades bíblicas como un documento más grande de los reyes que incluye información acerca de ciertas guerras y genealogías que no se incluyen en los libros canónicos de Reyes. Esto significa que los libros canónicos no son una fuente para el material de Crónicas.

Esdras y Nehemías

Estos dos libros originalmente eran uno en el texto hebreo. La razón para ello es clara, pues los dos abarcan los sucesos asociados con el regreso de los judíos a su tierra natal. Juntos, estos dos libros registran la historia desde el decreto de Ciro en 538 a.C. hasta la posesión de la tierra por los judíos bajo Nehemías, terminando cerca de 430 a.C.

El Talmud afirma que Esdras escribió ambos libros. Siendo escriba, Esdras estaba capacitado para escribirlos. Aun más, algunos eruditos han comprobado que el tipo de arameo utilizado en 4:8–6:18 y 7:12-26 es muy similar al arameo de los *Elephantine papyri* (quinto siglo a.C.), y por lo tanto es del tiempo de Esdras. Además, el uso de la primera persona por parte de Esdras en los capítulos 7–10 da mas credibilidad a la idea de que él escribió los libros.

Los sucesos históricos asociados con Babilonia, lugar donde los judíos fueron cautivos, denotan que Babilonia había sido recién conquistada por Ciro en 539 a.C. Después de esto, Darío de Media fue instalado como el representante gubernamental de Ciro. Este Darío fue quien elevó a Daniel a una posición de gran preeminencia política (Dn. 5:30–6:3). Algunos se preguntan cuáles habrán sido las razones para que un gobernador pagano decretara la repatriación de los judíos en estas circunstancias. La evidencia arqueología indica que Ciro fue un líder humanitario, quien buscaba repatriar a todos los exiliados sin discriminación. Es interesante que a través de Jeremías la Biblia declara que los judíos estarían solamente 70 años en Babilonia (Jer. 25:11). Aun más emocionante es que en su poder y providencia soberanos, Dios había predicho a través de Isaías que Él usaría a Ciro para la repatriación de su pueblo: "[el Señor] dice de Ciro: Es mi pastor, y cumplirá todo lo que

Este gran muro en Jerusalén es del siglo VIII a.C. y el profeta Isaías lo menciona al dirigirse al rey Ezequías (Is. 22:10).

BOSQUEJO PARA ESTUDIAR ESDRAS Y NEHEMÍAS

1. El regreso bajo Zorobabel y Sesbasar Esdras 1:1–2:70
2. La reconstrucción del templo Esdras 3:1–6:22
3. La actividad religiosa de Esdras Esdras 7:1–10:44
4. La reparación de las murallas de la ciudad Nehemías 1:1–6:19
5. El avivamiento bajo el liderazgo de Esdras Nehemías 7:1–10:39
6. Las necesidades del remanente y el regreso de Nehemías Nehemías 11:1–13:31

yo quiero, al decir a Jerusalén: Serás edificada; y al templo: Serás fundado" (Is. 44:28).

En el primer retorno bajo el liderazgo de Zorobabel y Sesbasar en 538 a.C. unos 42.360 judíos regresaron con gran cantidad de bienes y animales. Comenzaron con la construcción de un altar, la restauración de las ofrendas y holocaustos, la celebración de las fiestas y la colocación de los cimientos del templo. Encontraron oposición de algunos enemigos y la construcción del templo fue interrumpida y suspendida. Hageo y Zacarías los exhortaron a continuar construyendo el templo, y con el decreto de Darío y su ayuda terminaron de construir el templo (Esd. 1–6).

Otra llegada de cautivos tuvo lugar en 457 a.C. bajo la dirección de Esdras, quien como un escriba fiel enseñó la ley, instituyó reformas y demandó una separación del pueblo para Dios en su vida diaria.

Esdras y el pueblo confesaron de manera personal sus pecados. Esto fue seguido por un acto visible de decisión renovada por algunos, quienes dejaron sus esposas extranjeras dando así evidencia de su reconciliación con los caminos de Dios.

Después ocurrió otro regreso bajo Nehemías en 445/444 a.C. que resultó en un establecimiento más arraigado de los judíos en Palestina. Este retorno fue el resultado de un decreto de Artajerjes dado a Nehemías para que gobernase la ciudad de Jerusalén, y para que supervisara la reparación de las murallas. Muchos eruditos opinan que este decreto es de importancia vital para la cronología profética de los 70 años de Daniel (Dn. 9:24-27), como puede notarse en especial en el texto: "Sabe, pues, y entiende, que desde la salida de la orden para restaurar y edificar a Jerusalén hasta el Mesías Príncipe, habrá siete semanas, y sesenta y dos semanas; se volverá a edificar la plaza y el muro en tiempos angustiosos" (v. 25).

Ester

Como el libro de Rut, la protagonista principal de este libro es la mujer con el mismo nombre del título del libro. El nombre Ester puede haberse derivado de la palabra persa que significa "estrella" o la palabra hebrea para "mirto".

Aunque se desconoce el autor del libro, el período de historia tratado es evidente. Es el tiempo en que los judíos se encontraban cautivos en Persia. Los sucesos registrados en el libro tienen que ver con la corte del rey de Persia ubicada en Susa. Ester, quien era judía pero escondió su nacionalidad hasta un tiempo de gran emergencia para los judíos, había llegado a la alta posición de reina, y era muy amada por el rey de Persia. El hecho que llegase a ser reina había sido un acto providencial de Dios, pues a través de ella y su relación con Mardoqueo los judíos fueron por fin liberados de la opresión enemiga.

Se han puesto en duda los detalles históricos del libro, pero no hay razón válida para dudar sobre la autenticidad del libro. Es más, varias fuentes confirman su contenido: (1) el carácter del rey Asuero (conocido por su nombre griego, Jerjes); todo lo descrito en el libro concuerda con lo que se conoce históricamente de él; (2) el libro es representado como histórico, pues menciona "el libro de las crónicas del rey" (2:23; 6:1; 10:2); (3) el carácter inapelable de la ley persa es muy bien conocido (una vez firmado un decreto ni siquiera el rey podía deponerlo), y explica él por qué la única manera de rescatar a los judíos cuando llego el día de su ejecución fue armarlos y permitir que se defendieran, lo que suministra credibilidad a la mortandad de 75.000 persas en un solo día (8:13; 9:5); (4) confirmación arqueológica de su autenticidad procede de una inscripción cuneiforme en la que se menciona cierto varón llamado Marduk-as-a (Mardoqueo), como oficial de la corte en Susa bajo el gobierno de Jerjes I.

La canonicidad de este libro ha sido disputada pues de acuerdo a al-

Un grifo (animal mitológico) encontrado en Susa (o Shushan), capital del Imperio Persa.

BOSQUEJO PARA ESTUDIAR ESTER

1. La decisión de convertir a Ester en reina 1:1–2:23
2. La destrucción de los judíos tramada por Amán 3:1-15
3. La redención de los judíos procurada por Ester 4:1–7:10
4. La victoria sobre los persas 8:1–10:3

gunos, pareciera que el libro carece de un mensaje religioso, y lo más asombroso es que no se hace mención alguna del nombre de Dios en el libro. Además su evidente crueldad y violencia harían pensar que no tiene cabida en la Biblia. De todas maneras, al mostrar la providencia de Dios y su dirección personal del destino de su pueblo en una tierra desconocida, el libro demuestra con argumentos sólidos que pertenece a la Biblia. El hecho que Mardoqueo y Ester mantuvieran con firmeza su identidad como judíos y el monoteísmo en su fe al lado de los demás judíos, podría explicar la razón por la cual no resulta necesario usar el nombre de Dios. También, puesto que los judíos estaban en una tierra pagana, Mardoqueo tuvo que actuar en secreto para poder precaver a Ester acerca de revelar el hecho que era judía solo cuando llegase el momento adecuado (3:20; 4:14). La naturaleza sagrada del nombre de Jehová para los judíos es una explicación probable para que ellos procuraran que su nombre no fuese mencionado en presencia de los gentiles. Los sucesos de este libro también son la base para la conocida celebración religiosa judía que se conoce como la fiesta del Purim, que aún es celebrada por los judíos hasta hoy. Todas estas razones confirman la validez necesaria para afirmar que este libro cuenta con las credenciales genuinas para formar parte del canon bíblico.

Algunas características esenciales del libro son:

1. El hecho singular de que el nombre de Dios no se mencione en el libro. Esto es difícil de aceptar para muchos, pero los actos providenciales, como el que Ester haya sido escogida para ser reina reemplazando nada menos que a Vasti (2:15-18), el insomnio de Asuero y su reconocimiento a Mardoqueo (6:1-10), y la derrota del decreto inexorable del rey (8:1-17), no pueden ser explicados sin aceptar el poder de Dios para controlar la historia.

2. La verdad de que los judíos son el pueblo escogido de Dios y su protección sobre ellos muestra que realmente son su pueblo escogido y nadie los puede destruir, aunque muchos a través de la historia se lo han propuesto.

3. Todos los creyentes deben mantenerse firmes en Dios bajo todas la circunstancias, pues Dios libra a su pueblo de todas las pruebas.

4. El que se humilla, siempre será exaltado por Dios (10:1-3).

Job

Este libro tiene dos características en común con varios libros del Antiguo Testamento. Forma parte de la literatura poética y de la literatura sapiencial de los hebreos. Los libros poéticos son: Job, Salmos, Proverbios, Eclesiastés, Cantar de los Cantares y Lamentaciones. Job, Proverbios, una parte de los Salmos y Eclesiastés son clasificados como libros de sabiduría.

La poesía por lo general es difícil de traducir de un idioma a otro. Con frecuencia se pierde el ritmo poético que se halla en el sonido original de las palabras, pero lo cierto es que el hebreo no sufre mucho al ser traducido porque el significado se encuentra en lo que las palabras quieren decir. Por esto la traducción de libros poéticos tiene el mismo impacto en hebreo que en castellano o cualquier otro idioma.

La característica esencial de la poesía hebrea es el *paralelismo*, de acuerdo a las autoridades en poesía hebrea. Este *paralelismo* tiene cuatro clases diferentes:

I. *Sinónimos* – la idea de primera línea se repite en la segunda.

II. *Climática* – ascenso en pasos graduales hacia la idea máxima o cúspide temática, como lo ilustra el Salmo 29.

III. *Antitética* – contraste a la idea de la primera línea se expresa en la segunda.

IV. *Sintética* – La idea de la primera línea se amplía y completa con la segunda y demás líneas.

Es evidente que la poesía no es extraña a la literatura hebrea al con-

Solo los ricos eran dueños de camellos en los tiempos bíblicos. Job poseía muchos camellos antes de ser probado.

siderar la literatura contemporánea de las naciones vecinas a Israel. Las tablas de Ras Shamra, que contienen literatura ugarítica y son muy similares al idioma hebreo, usan poesía. Otros idiomas de los mismos tiempos tienen himnos poéticos. La poesía, uno de los más antiguos métodos de expresión lingüística, es usada por Dios para dar al hombre su revelación divina sobre la necesidad del ser humano y sus experiencias más profundas. Los sentimientos, lágrimas y canciones de la humanidad son expresadas de forma poderosa y contundente por medio del idioma de la poesía.

Otra forma de literatura bíblica que es también característica de la literatura contemporánea de Israel y sus vecinos es la literatura de sabiduría. La literatura bíblica de sabiduría posee ciertas características: en algunas instancias hace referencia a habilidades constructivas, en otras a las funciones gubernamentales y en otras a preceptos prácticos de moral, religión, sabiduría o disciplina como metas que se deben aplicar en la vida. Estos tipos de literatura sapiencial se encuentran en los libros de sabiduría bíblica.

En las literaturas poéticas y de sabiduría del Antiguo Testamento, es evidente que se da un marcado contraste con los mismos tipos de literatura contemporáneos. En la literatura bíblica, las enseñanzas dadas por medio de la revelación divina son únicas y superiores en todo sentido, pues enseñan la necesidad de honrar con reverencia a Dios, mantener un estilo de vida espiritual que glorifique a Dios y permita que el hombre sea vencedor en las pruebas de la vida sometiéndose a Dios y su dirección.

El primer libro que ilustra de manera completa ambos tipos de literatura en el Antiguo Testamento es Job. Es un libro que lleva el nombre del personaje principal del libro, un hombre singular llamado Job. El hecho que es un personaje histórico y no un mito producido por la imaginación literaria para enseñar una lección moral queda en claro a partir de dos aserciones bíblicas. En primer lugar, en Ezequiel 14:14-20 es nombrado junto a dos personajes históricos muy conocidos, a saber, Noé y Daniel, como ejemplos de "varones" justos. Santiago 5:11 también demuestra que Job es histórico: "He aquí, tenemos por bienaventurados a los que sufren. Habéis oído de la paciencia de Job, y habéis visto el fin del Señor, que el Señor es muy misericordioso y compasivo". Sería extraño que Ezequiel y Santiago utilizaran a un personaje mítico como ejemplo supremo de justicia y paciencia. La veracidad de la historia también es respaldada por la existencia de la tierra de Uz que estaba localizada en la parte sudeste de Edom.

El nombre Job significa "¿dónde está el padre?" No hay certeza acerca del tiempo en que tuvieron lugar los acontecimientos y quién es el autor del libro.

El tiempo de los sucesos parece corresponder al de los patriarcas. Aun siendo inciertos, los argumentos apoyan este punto de vista. Job debía tener cerca de 200 años cuando murió, pues vivió 140 años después de su enfermedad y sufrimientos. Estos largos años de vida fueron la última característica de los tiempos patriarcales. Parece que Job se

desempeñó como sumo sacerdote, una costumbre típica del período de los patriarcas. Ciertas características del tiempo de la ley no se mencionan, tales como la ley misma, el tabernáculo o el templo. También, puesto que Job demuestra la provisión divina de Dios, es extraño que no se mencione el éxodo de Israel de Egipto si hubiera sido escrito después de tal acontecimiento.

El autor del libro es desconocido y es imposible identificarlo por ahora. Dependiendo del tiempo histórico que se le asigne, las opciones van desde Job o Eliú hasta Moisés, Salomón o Jeremías, hasta un autor después del exilio. No es recomendable asignar un autor de forma dogmática.

Hay muchas enseñanzas profundas en este libro. Prácticamente ningún concepto teológico importante es omitido. Dios es el Dios soberano que ejerce el control del universo que ha creado y es quien recompensa a los justos y castiga a los malos. El hombre es visto en su naturaleza de maldad y también en su mayor momento de humildad y consagración cuando reconoce a Dios como supremo y a sí mismo como vil. Satanás es revelado como poderoso pero limitado por el poder divino. El tema de justificación es prominente pero solo crece en significado e importancia en lo que se relaciona a Dios, y la redención solo proviene de Dios y su gracia. Las enseñanzas sobre la resurrección son claras en este libro del Antiguo Testamento más que en cualquier otro. Job exclamó: "Yo sé que mi Redentor vive, y al fin se levantará sobre el polvo; y después de deshecha esta mi piel, en mi carne he de ver a Dios; al cual veré por mí mismo, y mis ojos lo verán, y no otro, aunque mi corazón desfallece dentro de mí" (19:25-27).

El tema principal del libro es encontrar la respuesta a la pregunta

Los picos nevados del Monte Hermón en el norte de Israel. Uno de los amigos de Job le preguntó: "¿...fuiste formado antes que los collados?" (Job 15:7).

sobre Dios y su relación con el mal en el mundo. Este es el problema principal que el hombre ha enfrentado en todos los períodos de la historia. Si Dios es omnipotente, ¿por qué sufren los justos? ¿Puede Dios vencer al mal? ¿Por qué parece que los malos siempre prosperan y los justos siempre pasan por dificultades? El libro, con su discusión central sobre el sufrimiento de los justos, da respuesta a este problema.

Ciertos factores previos, desconocidos a los protagonistas del libro, confundieron su conocimiento de Job y su problema. Ellos no sabían que Satanás estaba probando a Job con el permiso divino y lo que podía hacer siempre estuvo limitado por Dios. Satanás también se había convencido de que la lealtad de todo hombre tiene un precio y que al pagarlo está dispuesto a renegar de su Dios.

Al conocer estos hechos previos es mucho más fácil entender el libro, pero lo cierto es que Job, sus amigos y Eliú, tuvieron que lidiar a través de todo el dilema hasta que Dios puso los acontecimientos en perspectiva (Job 42).

La primera escena es idílica y tiene lugar en la tierra, donde habita un hombre rico en extremo y con una gran devoción a Dios y su familia. La escena después pasa al cielo, donde Satanás reta a Dios y Dios permite que Job sea probado. De regreso en la tierra empiezan los problemas para Job. Pierde toda su familia y riquezas, a excepción de su esposa. No obstante, a pesar de todo Job no perdió su fe en Dios. Su sencilla afirmación: "Jehová dio, y Jehová quitó; sea el nombre de Jehová bendito" (1:21), ha sido de gran consuelo para muchos creyentes desde los días de Job. El veredicto de que "en todo esto no pecó Job" da razón de la fe, rectitud y justicia fenomenales de este hombre.

La gran batalla espiritual apenas está comenzando. Afligido con una dolorosa y detestable enfermedad, maldice el día de su concepción, el día de su nacimiento, y busca su muerte para liberarse de sus problemas. Pero aun en medio de este sufrimiento, mantiene su integridad en alto (1:1–3:25).

La principal parte del libro contiene una serie de diálogos con sus tres amigos que han venido a consolarlo. El principal argumento de Elifaz es que los malos sufren, y no los justos; Dios es fiel, por lo que debe presentar su queja ante Dios, aceptar su corrección y buscar su bendición. Pero Job, en 7:20-21, afirma su inocencia al contestar: "Si he pecado, ¿qué puedo hacerte a ti, oh Guarda de los hombres? ¿Por qué me pones por blanco tuyo, hasta convertirme en una carga para mí mismo? ¿Y por qué no quitas mi rebelión, y perdonas mi iniquidad?" (4:1–7:21). Bildad dice que Dios es justo; solo los malvados perecen y si Job es justo, será restaurado por Dios. A ello Job contesta que un hombre inocente no puede enfrentarse al Dios omnipotente ni comunicarse con Él para hacerle cambiar de opinión; Dios trata igual a justos y a malos. Lo único que él puede hacer es suplicar a Dios y procurar conocer la razón de sus aflicciones (8:1–10:22). Zofar interviene en seguida y proclama que todos los alegatos de Job acerca de su inocencia carecen de todo valor ante un Dios que todo lo sabe. Job se debe arrepentir y volverse a Dios; solo entonces volverán a él la paz y la prosperidad. Ante todo esto, Job no admitió culpa porque lo cierto es que conoce la sabiduría y el poder de Dios mejor que ellos; nadie, ni siquiera Dios, puede convencerle de su pecado. Dios le busca y le consume, por lo cual Job grita desde la profundidad de su desconsuelo: "Si el hombre muriere, ¿volverá a vivir?" (11:1–14:22). Los discursos de los amigos de Job continúan hasta que él hace la gran declaración de que su inocencia será demostrada al final de todo de acuerdo con su firme convicción: "Yo sé que mi Redentor vive, y al fin se levantará sobre el polvo" (19:25). ¿No es verdad que cuando los malvados prosperan aunque también sufran destruye el argumento de sus amigos? La defensa de Job concluye en un debate sobre el mismo tema: El pecado causa sufrimiento, por lo tanto, Job pecó. A esto Job expone una biografía de su vida que revela su rectitud, vindica la sabiduría de Dios y afirma que el temor a Dios es sabiduría, para luego expresar el deseo de tener un encuentro con Dios (15:1–31:40).

En este punto, Eliú entra al debate y afirma que Dios no tiene que rendirle cuentas al hombre de sus acciones y que sus juicios no son pervertidos. Eliú dice que Job se ha rebelado y si Dios no le responde no significa que sea indiferente, sino que el hombre es orgulloso. El sufrimiento tiene un propósito divino, que no es siempre conocido por el creyente. Eliú incita a considerar que las grandes maravillas de Dios en la naturaleza revelan su grandeza, y en conclusión "lo temerán por tanto los hombres; El no estima a ninguno que cree en su propio corazón ser sabio" (32:1–37:24).

En este punto, en el torbellino se escucha la voz de Dios, quien lo pone todo en la perspectiva correcta: considerar las maravillas de Dios en la naturaleza que hacen manifiesta su grandeza. Por esa razón Job no debe tratar de usurpar la posición del Todopoderoso. Job ahora se

Hombres árabes conversan en la antigua ciudad de Jerusalén. La mayor parte del libro de Job está formada por los diálogos con Job de sus tres amigos que vinieron a alentarlo.

BOSQUEJO PARA ESTUDIAR JOB

1. Descripción de la situación previa a los sufrimientos de Job 1:1–3:26
2. Registro de los discursos de los amigos de Job y las respuestas de Job 4:1–31:40
3. Proclamación de la soberanía de Dios en la vida del hombre, en el discurso de Eliú 32:1–37:24
4. Definición de la supremacía de la voluntad de Dios en los sufrimientos de Job y su restauración 38:1–42:17

humilla: "Por tanto me aborrezco, y me arrepiento en polvo y ceniza" (42:6). Habiéndose retractado de sus amargos discursos anteriores a esta declaración, Job oró por sus amigos y luego Dios le concedió el doble de su prosperidad previa (38:1–42:17).

Salmos

Varios títulos han sido asignados a este hermoso libro de cánticos. En el hebreo el título es *Sepher Tehillim* que significa "Libro de alabanzas". Otros simplemente lo han llamado "Alabanzas", mientras que el Antiguo Testamento griego (LXX o Septuaginta) lo llama *Psalmoi* de donde viene nuestra traducción castellana "Salmos". Esta colección de "cantos" o "alabanzas" está formada de 150 unidades o capítulos independientes (con algunas excepciones) en las Biblias en griego y en castellano. Este libro es el himnario universal de la humanidad. Podría ser llamado "Los suspiros, lamentos, y cantos del corazón humano". Ninguna experiencia del hombre a través de su caminar por este mundo está fuera de lo que se encuentra expresado en estos profundos cantos o salmos. El pueblo escocés los ha arreglado con rima y métrica y los ha entonado en servicios de alabanza durante siglos.

Un pastor cuida de su rebaño en las colinas a las afueras de Belén. El salmo del pastor, el Salmo 23, es con toda probabilidad el más querido de todos los salmos.

Grandes comentaristas y predicadores a través de la historia de la iglesia han asignado gran valor a los Salmos. Jerónimo dijo que "los salmos eran escuchados todo el tiempo en los campos y viñedos de Palestina". Ambrosio comentó: "Aunque todas las Escrituras divinas respiran la gracia de Dios, más dulce que todos es el libro de Salmos".

En contraste a otras porciones de las Escrituras en las que es principalmente Dios quien habla su Palabra al pueblo, los Salmos hablan por el pueblo a Dios. En los Salmos no solo se expresa el *porqué* Dios debe ser alabado, sino también *cómo* debe ser alabado. En ellos también se hacen notar los *atributos de Dios* que requieren y demandan su alabanza (Salmo 29:2; 45:11; 95:6), así como también la *actitud del hombre* mientras se encuentra alabando (Salmo 5:7; 96:9; 132:7).

La Midrash dice lo siguiente en un comentario sobre el Salmo 1:1: "Moisés dio a los Israelitas los cinco libros de la ley, y en correlación a ello, David les dio los Salmos, que consisten de cinco libros." Delitzsch, con su autoridad reconocida en hebreo y Antiguo Testamento comentó: "El salterio también es un Pentateuco, el eco del Pentateuco de Moisés desde el corazón de Israel; constituye los cinco libros de la congregación para Jehová, como la Ley constituye los cinco libros de Jehová para la congregación."

Cierta edición de la Biblia en la que se compara el Pentateuco y los cinco libros de Salmos, ofrece el siguiente análisis:

Libro I: Salmos 1–41: *El libro de Génesis* trata acerca del hombre: su bendición, rebelión y redención prometida.
Libro II: Salmos 42–72: *El libro de Éxodo* habla de Israel y su redención.
Libro III: Salmos 73–89: *El libro de Levítico* tiene que ver con la alabanza a Dios en su santuario.
Libro IV: Salmos 90–106: *El libro de Números* se concentra en las divagaciones de los hombres y su camino final hasta descansar en Dios.
Libro V: Salmos 107–150: *El libro de Deuteronomio*, apunta a la Palabra de Dios que restaura al hombre con Dios.

El libro de Salmos no tiene uno, sino muchos autores. Los títulos, subtítulos y epígrafes de los Salmos, aunque no sean inspirados, de hecho son muy antiguos y por lo tanto poseen gran autoridad. Por lo tanto, cuando se nombra un autor, lo más probable es que el autor de ese Salmo verdaderamente es quien dice ser.

Los Salmos son asignados a varios autores, siendo David el principal de ellos con unos 73 Salmos, Asaf y Coré 12 cada uno, mientras que Moisés y Etán reciben cada uno crédito por un salmo y Salomón por dos. Unos 50 Salmos no tienen autor conocido.

Se ha sugerido una serie de clasificaciones como métodos categóricos para dividir en grupos todos los Salmos. La división tradicional se plantea en los siguientes términos:

BOSQUEJO PARA ESTUDIAR SALMOS

1. Los hijos de los hombres 1–41
   a. La humanidad 1–8
   b. El hombre de pecado 9–15
   c. El hombre de sufrimiento 16–41

2. La salvación de hombres y mujeres 42–72
   a. El pecado de la nación 42–49
   b. El Salvador de la nación 50–60
   c. La salvación de la nación 61–72

3. El santuario para hombres y mujeres 73–89
   a. Los santos y el santuario 73–83
   b. El Salvador y el santuario 84–89

4. Las tribulaciones de hombres y mujeres 90–106
   a. El refugio en las tribulaciones 90–94
   b. El gozo en las tribulaciones 95–100
   c. El triunfo sobre las tribulaciones 101–106

5. La seguridad de hombres y mujeres 107–150
   a. La sanidad por la Palabra 107
   b. La humillación de la Palabra 108–110
   c. Los aleluya a través de la Palabra 111–118
   d. La felicidad por la Palabra 119–150

Acción de gracias: 105, 107, 118, 136
Aleluya: 106, 111–113, 117, 135, 146–150
Alfabéticos o acrósticos: 9, 10, 25, 34, 37, 111, 112, 119, 145
Ascenso a Jerusalén: 120–134
Festividades, salmos litúrgicos: 113-118
Históricos: 78, 81, 105, 106, 114
Imprecatorios: 35, 36, 52, 69, 109, 137
Mesiánicos: 2, 8, 16, 22, 45, 69, 72, 89, 110, 118, 132
Nacionales: 14, 44, 46–68, 74, 76, 79–80, 83, 85, 87, 108, 122, 124—126, 129
Penitencia: 6, 32, 38, 51, 130
Sabiduría: 1, 16, 37, 48, 73

Proverbios

El título "Libro de Proverbios" es una traducción del título de este libro en la Vulgata, la traducción de la Biblia al latín. Es un título apropiado para un libro que utiliza un método literario usado con mucha frecuencia en el mundo antiguo, cerca de tres mil años antes de Cristo.

Casi todas las autoridades creen que la palabra hebrea "mashal" para designar los proverbios se deriva de una palabra que significa "gobernar" u otra que significa "ser como", "ser comparado con". El recurso literario más común en el libro de Proverbios es la comparación. Los proverbios por lo general son experiencias reconocidas y verdades expresadas en frases cortas o parábolas condensadas. La idea de parábolas condensadas se ve aplicada en la historia de Saúl cuando dio una profecía: "Y aconteció que cuando todos los que le conocían antes vieron que profetizaba con los profetas, el pueblo decía el uno al otro: ¿Qué le ha sucedido al hijo de Cis? ¿Saúl también entre los profetas? Y alguno de allí respondió diciendo: ¿Y quién es el padre de ellos? Por esta causa se hizo proverbio: ¿También Saúl entre los profetas?" (1 Samuel 10:11–12).

El propósito del libro de Proverbios es dar instrucciones para la vida. Propone aplicar la sabiduría divina a través de ideas morales sin tinte religioso a las situaciones de la vida diaria.

Esto no significa que no se puedan encontrar en sus páginas lecciones teológicas profundas. Lo cierto es todo lo contrario. Algunas enseñanzas doctrinales se encuentran en los siguientes pasajes:

1. Dios es visto como Creador y sustentador del universo (3:19; 8:22).

2. Dios es también revelado como aquel quien es el camino a la sabiduría, a través de la reverencia y el temor a Él (1:7; 3:7; 9:10).

3. Dios es santo; recompensará a los justos y condenará a los malvados (3:33; 10:3; 12:2 15:9).

4. Dios lo sabe todo y es el gobernante moral del universo (10:27, 29; 12:2; 15:3, 11; 21:2).

5. Dios es visto como la sabiduría personificada en referencia al Mesías venidero (8:22-31). Las aserciones en 8:22-23 muestran que el Señor la *poseía en el principio, antes* de sus primeras obras en la antigüedad. Aquí no hay ninguna idea en referencia a una supuesta creación de Cristo, y esta verdad se expresa de forma similar en Juan 1:1-3.

6. En su relación con el justo como Señor de su vida, Dios busca ver evidencia de virtudes prácticas en las acciones cotidianas del creyente: este debe confiar en Dios (3:5-6), ser humilde (8:13), demostrar que es servicial y útil (10:4-5), dar evidencia de fortaleza en medio de las tribulaciones (3:11-12), demostrar generosidad hacia los pobres (3:27-29; 19:17), y practicar la justicia (11:1).

7. Dios provee principios prácticos para la familia: la responsabilidad del padre consiste en guiar a la familia por medio de instrucciones sabias (4:1-7); la mujer debe ser un modelo en el hogar como una esposa que

Mujeres árabes venden sus productos en un mercado cerca de una de las puertas de la antigua ciudad de Jerusalén. Según Proverbios, la mujer debe ser un ejemplo a imitar en el hogar, como la esposa quien honra a su esposo y como la madre quien guía a sus hijos.

honra a su esposo y una madre que guía a sus hijos (31:10-31); ambos padres deben disciplinar a sus hijos con amor y ecuanimidad (13:24; 19:18; 22:6, 15; 23:13, 14).

8. Una de las lecciones significativas de este libro es que, a pesar de que Salomón fue el más sabio de los hombres y pronunció muchas palabras de sabiduría, fue como alguien lo ha dicho, una buena pauta pero un mal ejemplo.

El autor de la mayor parte del libro de Proverbios es Salomón. De acuerdo a 1 Reyes 4:32 él "compuso tres mil proverbios". En este libro solo se hallan unos novecientos. El libro se empezó a escribir en los tiempos de Salomón (971 a.C.), pero no fue finalizado hasta cerca del 700 a.C. de acuerdo a algunas autoridades.

Los autores son: Salomón, del 1–29 (los capítulos 25–29 fueron com-

BOSQUEJO PARA ESTUDIAR PROVERBIOS

1. Las exhortaciones a un padre acerca de la sabiduría y la necedad 1–9
2. La esencia de la sabiduría es temer a Dios 10–24
3. Las normas éticas de los sabios y los necios 25–29
4. La exposición de la Palabra de Dios y la arrogancia del necio 30
5. La excelencia de una buena madre y una esposa virtuosa 31

pilados por algunos hombres sabios del rey Ezequías; 25:1); Agur escribió los del capítulo 30; Lemuel los del 31.

Eclesiastés

El nombre hebreo es *Qoheleth*, que se refiere al escritor o dictador del libro (1:1, 12). La Septuaginta, la traducción griega del Antiguo Testamento, lo nombra *Ekklesiastes*, y la traducción latina, la Vulgata, lo denomina con la transliteración Eclesiastés. La forma castellana del título se deriva de allí. Todas estas palabras tienen en esencia el mismo significado, el cual puede traducirse como "El predicador".

El autor del libro se ha identificado por tradición como Salomón. Algunas autoridades conservadoras han argumentado que no proviene del tiempo de Salomón porque no concuerda con la fecha en que fue escrito. Estos eruditos conservadores le asignan una fecha que no pasa de los tiempos de Malaquías, (cerca del año 440 a.C.), mientras que otras autoridades modernas lo ubican en el período persa, cerca del 125 a.C. Estos argumentos respaldan una fecha posterior a Salomón: (1) los tiempos de Salomón se caracterizaron por la prosperidad general, mientras que los tiempos de Eclesiastés hablan de tiranía y opresión; (2) el autor habla de reyes en una manera que implica que no todos estaban sujetos a un solo rey; (3) las características lingüísticas y literarias corresponden a un período posterior; (4) la filosofía del libro tiene trazas de estoicismo (fatalismo) y epicurianismo (comer, beber, tener felicidad momentánea); (5) la siguiente referencia: "He aquí yo me he engrandecido, y he crecido en sabiduría sobre todos los que fueron antes de mí en Jerusalén; y mi corazón ha percibido mucha sabiduría y ciencia" (1:16) se debe referir a varios reyes predecesores, y solo hubo un rey antes de Salomón que fue su padre David, por lo que esto no se puede referir a Salomón.

Los argumentos mencionados no son decisivos en contra de Salomón como el autor del libro. La referencia a opresión, tiranía, y dificultades

no son más que expresiones sencillas de los problemas que los individuos enfrentan normalmente en cualquier época, y no evidencias específicas de alguna calamidad nacional (4:1-3; 10:6-7). De hecho, la imagen de la sabiduría, las riquezas y los placeres del Rey ofrece evidencias de una prosperidad abundante, como la descrita en 1 Reyes 4:25. Si alguien afirma que una frase escrita en tiempo pasado tal como: "Yo el Predicador fui rey sobre Israel en Jerusalén" (1:12), constituye una prueba de que no se trataba de Salomón sino de alguien que se hizo pasar por él, debe tenerse en cuenta que tal frase puede ser traducida de este modo: "Yo me convertí en rey" o "he sido rey de Israel". Las características lingüísticas muestran cierta afinidad con las normas lingüísticas propias de cananeos y fenicios, que son apropiadas para el tiempo de Salomón. Las ideas filosóficas de fatalismo y hedonismo (placeres de la vida) como las encontradas en 3:1-13 no son de origen griego. Son más bien exhortaciones para que los hombres reconozcan que deben disfrutar la buena vida que Dios les ha dado y poner cada momento y sazón natural de la vida en su lugar apropiado, pues Dios "todo lo hizo hermoso en su tiempo; y ha puesto eternidad en el corazón de ellos" (3:11). Al relacionarse con Dios de una manera apropiada, el hombre puede disfrutar su vida a plenitud en todos los tiempos y circunstancias. Todas estas observaciones indican que Salomón es el autor.

El propósito de Eclesiastés es demostrar que la plenitud de la buena vida se encuentra para el hombre en la sumisión y obediencia a la voluntad de Dios. Por medio de una buena relación con Dios el hombre puede ver que el valor de las cosas buenas, temporales y transitorias solamente se encuentra al reconocer que Dios es el centro y meta de la vida y el servicio del hombre. Por esto Salomón concluye exhortando al ser humano: "Acuérdate de tu Creador en los días de tu juventud... Teme

"Acuérdate de tu creador en los días de tu juventud…" (Eclesiastés 12:1a).

BOSQUEJO PARA ESTUDIAR ECLESIASTÉS

1. Las experiencias del predicador 1:1–4:16
2. Valoración de las experiencias del predicador 5:1– 10:20
3. Evaluaciones por el predicador 11:1-10
4. Exhortaciones del predicador 12:1-14

a Dios, y guarda sus mandamientos; porque esto es el todo del hombre" (12:1a, 13a).

Cantar de los cantares

El libro más polémico de la Biblia es sin lugar a dudas el Cantar de los cantares de Salomón. En términos de valoración espiritual ha recibido toda la gama de calificativos desde el apoyo total hasta la condenación completa. Un escritor rabínico lo ha llamado uno de los mas grandes obsequios de Dios al pueblo de Israel, y le ha denominado como el más santo de los libros santos del Antiguo Testamento. Por otro lado algunos escritores lo han reseñado como erótico en extremo y lleno de lujuria. Su franqueza y candidez en la descripción de la intimidad en las relaciones matrimoniales ha sido ofensiva para lectores occidentales, aunque está plenamente dentro del marco de las costumbres literarias del tiempo de Salomón. Una lectura cuidadosa del libro demuestra el gran cuidado y delicadeza con que se evita profanar el amor por caer en extremos, sean de tipo sensual o ascético. Es una imagen hermosa y honesta de la pureza del amor íntimo dentro de la unión matrimonial.

El título del libro le llama un Cantar. En el hebreo es llamado Cantar de los cantares, y con este apelativo alude a que es el más excelente de los cantares. En el versículo 1 la frase "el cual es de Salomón" da la razón para asignar a Salomón la autoría del libro.

Algunos han disputado que Salomón sea el autor, pero no se ha tenido un avance substancial en los argumentos para abandonar la tradición original. La ubicación geográfica y las descripciones del libro están asociadas con las existentes en tiempos de Palestina durante el reinado de Salomón. Además, aunque algunos han propuesto que hay palabras en el libro tomadas del griego, la mayoría de los eruditos no han aceptado este argumento. Estas palabras prestadas del griego no verificarían que Salomón no fuese el autor, pues en esa época había muchos contactos con otros países.

El propósito del libro es describir una relación que Salomón sostuvo con la doncella sulamita. Esta experiencia revela la pureza del amor en las más íntimas relaciones matrimoniales e ilustra en sentido figurado la relación amorosa entre Dios e Israel como entre esposo y esposa, y entre Cristo y la iglesia como entre novio y desposada (Os. 2:19-20;

BOSQUEJO PARA ESTUDIAR CANTARES

1. Los diálogos de la novia y su prometido 1:1–3:6
2. La decisión de la novia de aceptar la invitación del prometido 3:7–5:1
3. Los sueños de la novia sobre la partida del prometido 5:2–6:3
4. El gozo de la novia y el prometido en su amor 6:4–8:14

Un lugar tranquilo en el Huerto de Getsemaní en Jerusalén. El escritor de Cantar de los cantares emplea la figura del huerto.

Ef. 5:25-33).

Otros dos métodos de interpretación no hacen justicia a su significado. El método alegórico niega toda autenticidad a la historia y le asigna un puro significado espiritual de Salomón como representante de Dios y la doncella representando a Israel. El método literal lo presenta como un suceso histórico sin significado espiritual alguno.

Los profetas

El orden de los libros proféticos del Antiguo Testamento en las traducciones modernas incluye los últimos 17 libros desde Isaías hasta Malaquías que por lo general están divididos entre profetas mayores y profetas menores. La división no tiene que ver con la importancia individual de los libros sino solo con su tamaño relativo. En la Biblia hebrea los escritos de los profetas menores por ser breves, se conservaban en un solo rollo para evitar que se perdieran o arruinasen.

El ministerio profético en el Antiguo Testamento era vital y necesario para el pueblo de Dios. El profeta recibía el mensaje de Dios y lo entregaba al pueblo. Por lo general se trataba de un mensaje de juicio, pero también estaba lleno de amor redentor y de la gracia de Dios. El ministerio profético contrastaba con el del sacerdocio. El sacerdote está colocado entre el pueblo y Dios. El profeta está de pie entre Dios y el pueblo.

En los libros proféticos se encuentran las advertencias de Dios en lo concerniente a juicios venideros, con mandatos al arrepentimiento y la búsqueda de perdón. Si no se manifiesta arrepentimiento, la nación caerá; pero siempre vendrá la restauración por iniciativa divina. En medio de mensajes de abatimiento y condenación, siempre se mantiene encendida una luz de esperanza.

Los profetas y su mensaje
De Isaías a Malaquías Período entre el 800 y el 400 a.C.

A Israel antes de la caída del reino del norte, 722 a.C.	A Judá durante los años de decadencia.	A Judá durante sus últimos años, 634-606 a.C.	A los exiliados en Babilonia, 606-538 a.C.	A la comunidad restaurada, 538-400 a.C.
Amós Castigo divino a causa del pecado persistente.	**Joel*** El día de Jehová y el juicio de las naciones.	**Jeremías** El juicio de Jerusalén y la gloria venidera.	**Daniel** Los tiempos de los gentiles y el reino de Israel.	**Hageo** La restauración redicha del templo y el reino.
Oseas El amor de Dios por Israel.	**Abdías*** El destino funesto de Edom.	**Nahum** El destino funesto de Nínive y Asiria.	**Ezequiel** La restauración futura de Israel y de la tierra.	**Zacarías** La descendencia del Mesías y su reinado sacerdotal.
Jonás ¡Nínive, arrepiéntete! La preocupación de Dios por los gentiles.	**Isaías** La venida del Salvador y Rey de Israel.	**Habacuc** El reino y el pueblo de Jehová triunfarán.		**Malaquías** El juicio final y la advertencia a la nación.
	Miqueas El rey de Belén y su reino.	**Sofonías** El remanente rescatado para bendición.		

* ya que estos profetas no especifican el tiempo de sus ministerios, existen distintas opiniones en cuanto a dónde deben ser colocados.

Isaías

El nombre de este libro viene del profeta que lo escribió. Por eso nuestro título castellano es una versión abreviada de la forma hebrea del nombre Isaías. Isaías significa "Jehová es salvación".

El profeta Isaías fue el hijo de Amoz y la tradición indica que era de linaje real; su padre tiene la reputación de haber sido hermano del rey Amasías. Esto significa que Isaías era primo del rey Uzías. Fue con toda probabilidad en el año de la muerte de este rey, cerca del 740 a.C., que Isaías empezó su ministerio. Su ministerio continuó durante cerca de sesenta años y concluyó con su martirio, de acuerdo a la tradición, masacrado por el malvado rey Manasés, cerca del año 680 a.C.

El significado de los nombres de Isaías y sus dos hijos parecen ser un resumen de los acontecimientos y las enseñanzas contenidos en este libro. El empuje principal del mensaje de Isaías es recalcar el poder sobrenatural de Dios para libertar (Jehová es salvación) en medio de toda circunstancia temporal o espiritual, pues Dios es Salvación. El nombre Maher-salal-has-baz (es decir, *el despojo se apresura, la presa se precipita*) significa que Dios liberará con rapidez a Jerusalén del bloqueo de Siria y Efraín utilizando como agente a los asirios con su expoliación. Los asirios se llevaron a estos pueblo como cautivos y esta acción demostró el carácter inevitable del cautiverio de Judá. El nombre Sear-jashub (es decir, *un remanente volverá*) revela que Dios no olvidará a su pueblo y que vendrá restauración a la tierra.

Isaías describe a Israel como la viña de Dios, la cual plantó con lo mejor.

Este libro, que ha sufrido mucho en las manos de representantes de la alta crítica, es uno de los libros más profundos, sublimes, y maravillosos de todas las Escrituras proféticas del Antiguo Testamento. Es el evangelio antes del evangelio. Es la revelación del gobierno y la gracia de Dios antes de su interpretación y culminación decisiva en Cristo. La clemencia, gracia, amor y justicia de Dios quedan por completo demostrados en este libro. Son tan profundos los temas de Isaías que cuando Agustín se convirtió y preguntó a Ambrosio cuál de los libros sagrados debería estudiar primero, la respuesta fue: "¡Las profecías de Isaías!" Tal es la grandeza del libro de Isaías.

La creencia casi universal de judíos y cristianos ha sido tradicionalmente que Isaías es el autor del libro entero. Algunos críticos proponen lo contrario, que hubo varios autores que se pueden asignar a dos divisiones del libro denominadas primer libro de Isaías y deutero o segundo libro de Isaías. Este punto de vista adjudicaría a Isaías los capítulos 1 al 39, y a otro escritor los capítulos 40–66.

Los argumentos en contra de que Isaías sea el único autor son:
(1) las diferencias literarias entre las dos secciones; (2) las distinciones cronológicas entre las dos secciones que revelan que la última parte (40–66) fue escrita durante el cautiverio en Babilonia, siendo por lo tanto después del tiempo de Isaías; (3) las diferencias de contenido teológico entre las dos secciones.

Autoridades conservadoras competentes han demostrado, a través de la investigación, que cada uno de estos puntos puede ser adecuadamente refutado. La distinción principal entre el punto de vista tradicional con Isaías como autor y la de múltiples autores radica en el punto de vista con que cada uno enfrenta el libro. Los críticos niegan la profecía futurista, mientras que las autoridades eruditas aceptan esta clase de profecía. Esto explica la razón de tomar la última parte como babilónica. Esta sección presenta una imagen profética de las condiciones del exilio en Babilonia y revela la liberación del pueblo a través de Ciro, el rey persa (profecía cumplida 150 años después). Como Juan en Patmos, Isaías profetizó acerca del Exilio y la gloria futura de Israel. En lo que tiene que ver con el estilo literario, el hebreo de ambas secciones es puro y presenta las mismas características. El tema teológico y los demás contenidos están atados con una frase que se repite con frecuencia en ambas partes: El Señor es "el Santo de Israel". Esta frase aparece doce veces en la primera parte y trece veces en la segunda.

La evidencia tradicional que apoya la unidad y autenticidad de Isaías es muy fuerte, e incluye:
(1) el testimonio de Eclesiásticus, el hijo de Sirac, cerca del 180 a.C., quien habló acerca de cómo Isaías había confortado al pueblo de Dios (una alusión a Is. 40:1), sin mencionar a algún otro profeta del período del exilio como autor de esta sección; (2) el famoso rollo de Isaías hallado con los demás rollos del Mar Muerto, que no su-

giere ni implica alguna fisura entre las dos principales divisiones de Isaías; (3) el testimonio de Cristo y los apóstoles, quienes identificaron mediante alusiones las dos porciones de Isaías (cp. Jn. 12:38-41 con Is. 53:1 y 6:9, 10).

Jerusalén •

El autor de este libro muestra que a través de conexiones familiares (descendencia real) y educación contaba con la preparación necesaria para escribir un libro profético de gran profundidad. Tenía acceso al centro de gobierno (Is. 6). Poseía un conocimiento íntimo de Jerusalén, Palestina, las naciones vecinas, y la historia mundial. Su estilo literario es superior, su dicción es clara, su poesía apasionada, y sus habilidades oratorias conmovedoras.

El carácter de los tiempos era uno de cambio y fluctuación. Asiria se había convertido en potencia bajo el mando de Tiglat-pileser III (745–27), y después bajo el de Senaquerib (705–681) Palestina fue invadida, y todas las ciudades principales de Palestina fueron destruidas a excepción de Jerusalén. Babilonia se empezó a establecer como potencia máxima entre las naciones, y en cien años se convirtió en el más grandioso imperio del mundo. El fin de Siria llegó con la derrota de Rezín a manos de Asiria. Roma, que un día llegaría a dominar sobre Palestina, fue fundada contados años después del nacimiento de Isaías, y las ciudades-estados de Grecia estaban empezando a florecer. Ansiedad y movimiento fueron por lo tanto las características principales de ese período de tiempo.

Las condiciones sociales eran atroces. Los pobres se empobrecían mientras los ricos usurpaban tierras por medios ilegales y expulsaban

Una vista desde la distancia de la antigua ciudad de Jerusalén. El profeta Isaías dio a conocer un juicio severo contra la ciudad.

BOSQUEJO PARA ESTUDIAR ISAÍAS

1. La condenación de Judá y Jerusalén 1:1–12:6
2. El interés del profeta por las naciones vecinas
   13:1–23:18
3. La predicción de la consumación de las promesas del
   reino 24:1–27:13
4. Las advertencias en contra de la futilidad de las alianzas
   28:1–35:10
5. La sanidad de Ezequías 36–39
6. La entrega de las profecías de consuelo y consumación de
   los tiempos 40:1–66:24

a los pequeños terratenientes que no podían pagar las tarifas de impuestos decretadas por el gobierno. El sistema judicial y el gobierno se caracterizaban por una gran corrupción mediante la aceptación de sobornos para favorecer a los ricos.

Las condiciones morales se reflejaban en el libertinaje y la vida licenciosa, las borracheras, la apatía moral, el culto a ídolos y la prostitución ritual. Prevalecía el culto pagano a Moloc, que consistía en el sacrificio de los primogénitos.

Fue en tal período que Isaías entró con su ministerio de denuncia de los pecados del pueblo, proclamación de la santidad y soberanía de Dios, y sus serias advertencias acerca de un juicio venidero si el pueblo no se arrepentía y dejaba sus pecados sin dilación.

Los conceptos principales del mensaje de Isaías que hicieron de su ministerio algo único y necesario incluyeron los siguientes temas:

1. Dios es el Santo de Israel y no puede tolerar la maldad (1:4; 30:12-14; 41:14; 55:5; 60:9, 14).

2. El hombre es malvado y pecaminoso, tiene una necesidad absoluta de redención (6:5-7).

3. Dios preservará para sí un remanente y les restaurará (1:9; 11:11; 16:14; 46:3). Estos fieles al Señor son muy importantes en el mensaje de juicio y consuelo de Isaías.

4. Las grandes profecías relacionadas con Cristo abarcan gran parte de la temática y son inusitadas: su nacimiento (7:14; 9:6), su deidad (9:6-7), su muerte (52:13–53:12).

5. El concepto del siervo de Dios se presenta en dos aspectos. En al-

Un judío con su atuendo de oración hace sonar una trompeta de cuerno de carnero en el muro occidental de Jerusalén. Isaías proclamó que la trompeta sonaría para el pueblo de Dios en el exilio (Is. 27).

gunas instancias se refiere a Cristo (11:2; 42:1-3; 50:5-6; 52:13-15; 53:1-13; 65:8), y en otras Israel (41:8; 43:10; 44:1-2; 45:4).

6. Dios establecerá su reino al fin de la historia y el Mesías reinará (capítulos 2; 11; 65).

Jeremías

El profeta Jeremías, quien da su nombre al libro, vivió y ministró en Judá durante tiempos de dolor y sufrimiento para la nación. Una declinación espiritual rápida caracterizó al pueblo que venía de las alturas de un avivamiento bajo el liderazgo de Josías, hasta la apostasía y el exilio bajo el mando de Joaquín y Sedequías.

Las condiciones políticas que condujeron a la caída de Jerusalén y Judá vieron la declinación del poder asirio con la destrucción de Nínive, en 612 a.C. y la derrota de los egipcios por los babilonios en la batalla de Carquemis en 605 a.C. Esta batalla, uno de los puntos de quiebre más importantes en la historia del Antiguo Testamento, abrió Asia occidental a la dominación de Babilonia. En 597 a.C. los babilonios aparecieron en las puertas de Jerusalén por segunda vez y capturaron a Joaquín, llevándole y a unos 10,000 de su pueblo como cautivos a Babilonia (2 R. 24:14). El ataque final de los babilonios contra Jerusalén se llevó a cabo once años después (586 a.C.). Aun con las constantes suplicas de Jeremías al rey y el pueblo a rendirse a Babilonia, estos buscaron resistir el ataque pero al fin tuvieron que rendirse; después de esto vino la destrucción total de la ciudad y el templo.

El ministerio de Jeremías (cuyo nombre significa "Yahvé establece o exalta") duró por lo menos 41 años a partir de 627 a.C. Durante estos años el profeta sufrió humillación personal (20:1-3), persecución (27:1-15), y el rechazo de su propio pueblo. El gran amor de Jeremías por su pueblo nunca falló y con un corazón lleno de compasión, llorando muchas veces aun mientras hablaba, procuró frenar su creciente apostasía y prevenir el juicio divino haciendo llamados al arrepentimiento nacional. No obstante, el pueblo continuó su decadencia espiritual hasta el inevitable cautiverio. El año 586 a.C. fue la cúspide. Jeremías probablemente terminó su ministerio en Egipto, donde fue llevado por los judíos que quedaron tras la destrucción de Jerusalén (43:6-7).

De acuerdo con la tradición el autor de este libro ha sido reconocido como Jeremías. No hay necesidad de negar este hecho. Jeremías tenía un secretario llamado Baruc, quien registró los mensajes de Jeremías y los sucesos asociados con su ministerio. El libro habla de instancias en las que se mandó a Jeremías y Baruc escribir ciertos acontecimientos (30:1; 36:2-4; 45:1; 51:60). Es muy probable que el capítulo 52 haya sido una adición posterior (2 R. 25:1-26).

Algunos puntos de las enseñanzas de Jeremías son:

1. Dios es creador (10:12; 27:5), gobernador (5:22, 24; 23:23) Salvador (2:13; 17:13-14), y es omnisciente (17:9-10).

2. Dios demanda obediencia a la ley moral (6:19) antes que observancia de la ley ceremonial (6:20). La obediencia a las ceremonias no reemplaza la obediencia a las leyes morales.

3. El llamado de Dios a un hombre pone sobre este una carga que no puede eludir (20:9).

BOSQUEJO PARA ESTUDIAR JEREMÍAS

1. La comisión del profeta 1:1-19
2. La condición del pueblo en pecado 2:1–6:30
3. El llamado a que el pueblo se arrepienta 7:1–12:17
4. La certeza de cautiverio para el pueblo 13:1–18:23
5. La confrontación del profeta con los líderes 19:1–29:32
6. Las promesas de restauración del pacto 30:1–33:26
7. Los sucesos catastróficos de Judá y las naciones
   34:1–52:34

Carquemis

PALESTINA

4. El siervo de Dios debe tener el valor de declarar juicio divino sobre un pueblo que no se arrepiente, sin importar las consecuencias (37:16-21).

5. el siervo de Dios debe tener compasión cuando entrega el mensaje de la condenación y juicio venidero de Dios (13:15-27).

6. Dios no se olvida de su pueblo, y cumplirá sus promesas sobre la base del pacto. El exilio no seria por siempre, la restauración vendría después de 70 años (25:11-14). Estas promesas se extienden hasta el tiempo en que el Mesías establezca su reino (23:5-8; 31:31-34).

7. Es siervo de Dios debe estar dispuesto a poner a prueba su fe en las promesas de Dios para fortalecer al pueblo de Dios y guiarle a la obediencia (32:6-15).

Puesto que los oráculos de Jeremías no fueron registrados en orden cronológico, es difícil analizar el libro bajo cualquier sistema de temas generales.

Lamentaciones

El nombre de este libro se deriva del título que recibe en la versión griega del Antiguo Testamento, la Septuaginta. La palabra griega es *threnoi*, que significa "lamentaciones". En el hebreo el título viene de la primera palabra en los capítulos uno, dos y cuatro. Esta palabra, *'Eychah'*, significa literalmente, "¡Ay, cómo!"

El libro consiste de cinco elegías, poemas meditativos de lamentaciones y pena, relacionados por lo general con la muerte. Las primeras cuatro elegías están dispuestas en forma de lamentos fúnebres. La quinta elegía es básicamente una oración de contrición y confesión de los pecados del pueblo (5:7), al igual que una vindicación de la justicia de Dios y un llamado a la piedad: "Vuélvenos, oh Jehová, a ti, y nos volveremos; renueva nuestros días como al principio. Porque nos has desechado; te has airado contra nosotros en gran manera" (5:21-22).

Estas elegías se escribieron más que todo en un estilo literario que es conocido como repartición acróstica o alfabética. Este estilo fue adoptado en principio como una ayuda a la memoria, para permitirle al lector recordar el material. La distribución de los versos en las primeras tres elegías consiste de tres líneas cada una, con la excepción de 1:7 y 2:9 que tienen cuatro líneas cada uno. Cada uno de estos versículos empieza con una letra del alfabeto hebreo en secuencia normal. Sin embargo, hay dos letras del alfabeto hebreo cuyo orden se invierte (*ayin* y *pe*) en tres ocasiones: 2:16-17; 3:46-51; 4:16-17. La tercera elegía se diferencia un poco de las demás por tener cada línea de cada versículo de tres líneas comenzando con la misma letra hebrea. Aunque consiste de 22 versículos (el mismo número de letras del alfabeto hebreo), la quinta elegía no sigue el orden alfabético. Las elegías cuatro y cinco también se diferencian de las primeras tres al tener versos de solo dos líneas y no tres.

Desde tiempos antiguos, la tradición de la iglesia ha sido darle crédito como autor a Jeremías. Algunas autoridades recientes han retado esta tradición. Los sucesos históricos y las características literarias de los dos libros, Jeremías y Lamentaciones, apoyan la idea de que Jeremías es el autor. Un estudio de las siguientes características similares de los dos libros apoyan esto: (1) el registro vívido del destino de Israel; (2) las lamentaciones y lloros del profeta por el pecado de su pueblo; (la profunda convicción del profeta de que Dios castigará a los enemigos de su pueblo); (4) la continua esperanza del profeta de que en el futuro, Dios perdonará y restaurará a su pueblo.

Las ruinas de una antigua sinagoga en Jerusalén. Jeremías se lamentó sobre la caída de su amada ciudad de Jerusalén.

BOSQUEJO PARA ESTUDIAR LAMENTACIONES

1. El grito de la ciudad proclamado 1:1-22
2. El castigo de la ciudad es merecido 2:1-22
3. El consejo a que la ciudad se arrepienta 3:1-66
4. Registro de los horrores calamitosos de la ciudad 4:1-22
5. Descripción de la confesión y oración de la ciudad 5:1-22

El propósito de este libro es registrar el lamento de Jeremías por su amada ciudad de Jerusalén, un lamento que profetiza el expresado por el Mesías acerca de Jerusalén (Lc. 13:34).

Ezequiel

Este libro lleva el nombre del profeta Ezequiel, hijo de Buzi perteneciente a una familia sacerdotal (1:3). Fue llevado a Babilonia como cautivo once años antes de la destrucción de Jerusalén, tenía cerca de 25 años cuando fue llamado al ministerio profético. Su nombre significa "Dios fortalecerá" o "Dios vencerá"; su ministerio abarcó los años 593–571 a.C. Esto le hace contemporáneo de Daniel en Babilonia y de Jeremías, quien permaneció en Jerusalén. Tanto Daniel como Ezequiel residieron en Babilonia: Daniel en la ciudad, Ezequiel en el campo. Ambos fueron profetas, aunque Daniel también se desempeñó como funcionario del gobierno. El ministerio de Daniel era aconsejar a las naciones bajos las cuales vivió Israel; el de Ezequiel era reconfortar a los exiliados.

Los mensajes proféticos de Jeremías y Ezequiel comparten un tema común: la caída y destrucción venideras de Jerusalén. Al oír las noticias de que Jerusalén había caído, Ezequiel llenó sus declaraciones proféticas con temas de esperanza, fortalecimiento, y la restauración venidera para el pueblo de Dios. El profeta no vivió para ver el regreso a Palestina de su pueblo, pues el decreto para su restauración no vino hasta unos 30 años después de su muerte.

Ha sido una tradición unánime de la iglesia el considerar a Ezequiel como autor del libro, pero el aumento de la alta crítica trajo consigo el rechazo a la unidad del libro y la identidad del autor. El lenguaje singular de Ezequiel, la evidencia sólida de la vida de Ezequiel antes de la destrucción del templo, y las alusiones históricas y al sacerdocio, testifican que la tradición de la iglesia es cierta sobre Ezequiel como el autor.

El libro es singular en muchos sentidos, uno de los cuales es el simbolismo y las parábolas que utiliza. Algunas características sobresalientes del libro son:

1. Los símbolos y señales por medio de los cuales Ezequiel recibió y expresó la revelación le dan al libro mucho terreno en común con Apocalipsis (cp. Ez. 1:4-12 con Ap. 4:6-8; Ez. 10:1-7 con Ap. 8:1-5).

2. La gloria Shekináh que indicaba la presencia de Dios entre su pueblo, es importante para Ezequiel (1:28; 3:23; 8:4; 9:3; 10:4, 18; 11:22-23; 43:2-5). La partida de la gloria de Dios fue gradual, primero saliendo del templo, luego de la ciudad, y finalmente del monte de los Olivos. Esto significa que Dios no estaba ansioso de dejar a su pueblo, pero sus pecados lo demandaban. Aunque paciente y tardo para la ira, Dios debe al fin, ejecutar su juicio declarado.

3. El concepto del remanente también es vital en las enseñanzas de Ezequiel. Dios siempre dejaba un remanente. En este caso el remanente sabrá por qué la mano castigadora de Dios ha caído sobre el pueblo (6:10, 14).

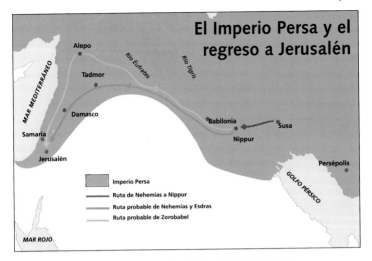

El Imperio Persa y el regreso a Jerusalén

BOSQUEJO PARA ESTUDIAR EZEQUIEL

1. La comisión del profeta Ezequiel 1–3
2. Proclamación de la culpa y destrucción venidera de la ciudad 4–24
3. Profecías contra las naciones extranjeras 25–32
4. Las promesas de restauración 32–39
5. La imagen del templo y la tierra 40–48

4. El relato detallado y conmovedor de la muerte de la esposa de Ezequiel revela cuán costosa puede ser la posición de profeta. Al igual que Oseas, Ezequiel fue escogido para demostrar la relación entre Dios y su pueblo. La muerte disolvió el matrimonio de Ezequiel y su esposa, y la destrucción del templo disolvería (aunque solo temporalmente) la relación entre Dios y su pueblo.

5. Usando el rey de Tiro como un ejemplo visible, Dios muestra la fuente del mal que se cierne tras el gobierno mundial. Este simbolismo también revela la manera como el mal entró al universo (cp. Is. 14:12-14).

6. La resurrección nacional de Israel está expresada con gran intensidad en Ezequiel (37:1-28).

7. La imagen espléndida del templo para el Israel restaurado se encuentra en los capítulos 40–48.

Daniel

En la Biblia hebrea, este libro se incluye en "Los Escritos", aunque el Señor Jesús llamo a Daniel un profeta: "Por tanto, cuando veáis en el lugar santo la abominación desoladora de que habló el profeta Daniel" (Mt. 24:15). El título del libro viene del personaje central del libro, Daniel, cuyo nombre significa "Dios es mi Juez". En la Biblia moderna, Daniel se ubica entre los profetas mayores. La razón no es solamente que Cristo le llamó "el profeta", sino también porque el libro está lleno de predicciones proféticas. Algunas de las más importantes profecías del Antiguo Testamento vienen de la pluma inspirada de Daniel: la visión panorámica de la historia mundial (2:36-45), las setenta semanas (9:24-27), las guerras entre las dinastías de ptolemaica y seleúcida (11:1-35), y la redención de Israel (12:1-13).

Este libro es ante todo apocalíptico en su naturaleza. Este tipo de literatura difiere de las Escrituras proféticas normales en su empleo profuso de símbolos que fueron dados por medio de sueños y visiones. Los escritos apocalípticos de la Biblia también son singulares en que son literales y reales. No se trata simplemente de verdades espirituales presentadas en formas simbólicas porque reflejan bien el significado de *Apocalipsis* que significa "revelación". Nada se deja oculto como sucede con los libros *apócrifos* (los libros escondidos o no canónicos). El carácter de la literatura apocalíptica declara que un símbolo no puede simbolizar un símbolo, lo cual le haría de naturaleza por completo espiritual); debe simbolizar algo que es real. Las profecías apocalípticas también se distinguen de las normales en que abarcan a todo el mundo y la raza humana.

La ubicación histórica corresponde al tiempo del exilio en Babilonia. Daniel está con su pueblo en cautiverio, tras haber sido llevado desde su tierra natal por Nabucodonosor en 605 a.C. Daniel sufrió mucho por mantener un testimonio estricto y fiel durante su tiempo en cautiverio, pero Dios le elevó hasta ocupar la segunda posición más importante en el gobierno secular, una posición que aun mantiene bajo el dominio de los persas cuando concluye el libro (6:1-3; 12:8-13). De muchas maneras los críticos han rechazado una orden de esa índole por parte de Darío de Media el rey persa, porque ningún historiador secular ha mencionado un rey con este nombre exacto. De todas maneras, las autoridades competentes han demostrado que este Darío puede ser identificado como Gobiras, el gobernador de Babilonia bajo el mando de Ciro, o aun con el mismo Ciro.

Como Daniel, el libro de Daniel tuvo su propia experiencia en el foso de los leones. Críticos modernos debaten que el libro se atribuye falsamente a Daniel y que en realidad fue escrito en el tiempo de los macabeos cerca del 165 a.C., habiendo sido escrito para alentar a los judíos durante su feroz batalla con Antíoco Epífanes. El punto de vista tradi-

BOSQUEJO PARA ESTUDIAR DANIEL

1. La ubicación del libro en la historia 1:1-21
2. Visión panorámica de la historia del mundo gentil
   2:1–7:28
3. Los santos de Dios y su relación con la consumación de
   la historia mundial 8:1–12:13

Un relieve
encontrado en
Nínive de un león
y una leona.
El libro de
Daniel relata la
experiencia del
autor en el "foso
de los leones".

cional dice que Daniel escribió el libro y que proviene del siglo sexto. Como ya fue mencionado, se han propuesto argumentos históricos, lingüísticos, exegéticos y de propósito en contra del tiempo de su escritura y la autoría de Daniel. Aunque respetables, estos argumentos han sido rebatidos por autoridades conservadoras y no hay necesidad de negar que Daniel es el autor. La actitud individual del lector hacia la profecía de predicción tiene gran parte en la capacidad de responder a la pregunta de quién es el autor, pero aun así, no se puede retrasar el tiempo de escritura del libro hasta tal punto que se niegue el que hayan existido verdaderas profecías, pues predice la venida de Cristo, y es imposible adjudicarlo a un lugar tan reciente en la historia.

El libro fue escrito en dos idiomas y es singular en su uso de estos dos idiomas. El hebreo en todo lo que se refiere a la manera en que Dios se relaciona con su propio pueblo, y el arameo (idioma de la diplomacia en aquellos tiempos) tiene que ver con la manera en que las potencias de los gentiles son vistas con relación al plan de Dios para su pueblo hasta el fin del tiempo.

Oseas

Oseas, el hijo de Beeri, tuvo un ministerio singular como un profeta que tuvo que sufrir indignación, pena en su corazón y profundos dolores familiares para poder enseñar al pueblo de Dios una lección espiritual de vital importancia, una lección simbolizada por su propia situación matrimonial, la cual Dios usa para ilustrar su propio amor infinito hacia su pueblo. Es la historia profunda de amor de un profeta que estuvo dispuesto a sufrir todos los traumas de la infidelidad y deserción en el matrimonio para expresar la fidelidad continua de Dios para con un pueblo infiel y adúltero.

En esta historia que llega a lo más hondo del dolor humano, se desarrolla una extraordinaria historia de amor, una historia que se equipara en magnitud con la expresada en Juan 3:16. El amor de Dios no puede ser medido. Aunque su pueblo deambule lejos de Él y se encuentre en pecado, Dios nunca le abandonará. Él le buscará y cuando se arrepienta le restaurará su favor.

Los significados del nombre del profeta y sus hijos tienen importancia espiritual a medida que la historia se desarrolla. Oseas, cuyo nombre significa "salvación", revela a través de su nombre que al final de todo, Dios restaurará y bendecirá a Israel. El nombre de Jezreel significa "el Señor dispersa o siembra". El nombre de este hijo anticipa el juicio de Jeroboam II (un descendiente de Jehú) y también recuerda sucesos asociados con la sangre de Jezreel derramada por Jehú (1 R. 19:15-17; 2 R. 10:1-14). En este juicio sobre Jeroboam II, Dios no mostraría piedad, como lo indica el nombre Lo-ruhama ("no compadecida"). El rechazo del pueblo de Dios es declarado con severidad en el nombre Lo-ammi ("no pueblo mío"). Esta imagen vívida del mensaje de Dios a través de estos nombres, muestran de manera profética la inevitable retribución divina a Israel.

El ministerio de Oseas estuvo enfocado en este mensaje y se llevó a cabo durante los reinados de Uzías, Jotam, Acaz y Ezequías, reyes de Judá, y Jeroboam II, rey de Israel. Profetas contemporáneos de su ministerio fueron Amós en Israel y Miqueas e Isaías en Judá. Las fechas normalmente asignadas a Oseas son 770–25 a.C.

Los que han disputado la unidad del libro y la autoría de Oseas, usualmente citan pasajes que mencionan a Judá y versículos como 4:3, 9; 7:10; 11:8-11, y 14:2-9. Un entendimiento de la profecía de predicción y un reconocimiento de que Dios al fin restaurará a Israel responde la mayoría de estas críticas y deja intacta la autoría de Oseas.

El problema crítico de la profecía tiene que ver con la santidad soberana de Dios y su mandamiento a Oseas: "Dijo Jehová a Oseas: Vé, tómate una mujer fornicaria, e hijos de fornicación" (1:2). ¿Será que Dios ordenó a Oseas que cometiese un acto de inmoralidad? ¿Sería que en

BOSQUEJO PARA ESTUDIAR OSEAS

1. La denuncia contra Israel 1:1–3:5
2. La corrupción de Israel 4:1–6:3
3. La condenación de Israel 6:4–11:4
4. La conversión de Israel 11:5–14:9

su deseo de enseñar una lección vívida a Israel acerca de su adulterio espiritual, Dios ordenó al profeta casarse con una prostituta?

Se pueden plantear tres ideas como posibles interpretaciones de este mandato:

1. El punto de vista *simbólico*, según el cual ese matrimonio no se dio en la realidad. Dios empleó esta imagen como un método simbólico para revelar a Israel su infidelidad y adulterios.

2. El punto de vista *realista*, según el cual Oseas se casó con una prostituta, una mujer que él sabía, no era pura.

3. El punto de vista *profético*, que el profeta interpretó su propia vida en términos proféticos basado en los sucesos que acontecieron después, bajo la dirección providencial de Dios, y se casó sin saberlo con una mujer *destinada* a ser una prostituta, y a tener hijos como resultado de ello. O también podría ser que Oseas, al igual que Dios, sabía que su mujer se volvería una prostituta (al igual que Israel). Parece que este último punto de vista es el más plausible. Respalda los mensajes más directos y claros del pasaje. Otras situaciones bíblicas demuestran la manera como un suceso literal tiene lugar en el presente, pero su significado solo sale a la luz en el futuro (Jer. 32:7; Ez. 24:15). Esta interpretación libra a Dios toda responsabilidad o culpa por causar o permitir un pecado en la vida del profeta, y también libra al profeta de un mal testimonio al mismo tiempo que ilustra, en la situación particular de su matrimonio, el caso del adulterio espiritual de Israel contra Jehová. También es la mejor conclusión a que puede llegarse con respecto a 1:2 y 2:5-7.

La primera parte de Joel describe una terrible invasión de langostas que simboliza el comienzo del día de Jehová.

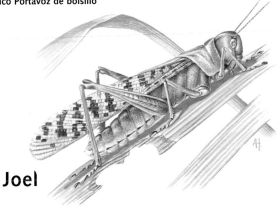

Joel

El nombre Joel significa "Jehová es Dios" y ocurre unas catorce veces en el Antiguo Testamento. Como hijo de Petuel ("el que persuade a Dios"), es muy probable que Joel haya sido oriundo de Judá, y conocía bien Jerusalén (2:1, 23; 3:1, 6). Por las referencias al templo, es posible que fuese un sacerdote así como un profeta en el significado pleno de los nombres (1:1).

La fecha del libro es debatida. Algunos la asignan durante el tiempo de Uzías cerca del 770 a.C., mientras que otros lo ubican en los años posteriores al exilio, cerca del 432 a.C. La fecha más antigua parece ser preferible. Su posición canónica entre Oseas y Amós, su estilo literario similar al de Amós (quien al parecer es citado en Jl. 3:16 [Am. 1:2] y Jl. 13:8 [Am. 9:13]), sus circunstancias históricas que no reflejan la negligencia apática después del exilio, y la acción de los enemigos de Judá, a saber, los fenicios (3:4); Egipto y Edom (3:19), son razones de peso para apoyar la fecha antigua.

Haciendo uso de la severa plaga de langostas como una advertencia del juicio venidero, el profeta llama al pueblo al arrepentimiento y a volverse a Dios antes que caiga dicho juicio sobre ellos. También utiliza esta ocasión para proclamar un juicio severo y mayor: vendrá "el día grande y espantoso de Jehová", y el Espíritu Santo de Dios será derramado antes de ese día terrible (2:28-32). Pedro habla del cumplimiento de esta profecía, aunque no consumada por completo, en el día de Pentecostés (Hch. 2:16).

BOSQUEJO PARA ESTUDIAR JOEL

1. Las características del día 1:1-20
2. Los castigos del día 2:1-27
3. La consumación del día 2:28–3:21

Amós

Como pastor originario de Tekoa en Judá, Amós fue llamado por Dios a ministrar en el reino del norte. Su nombre significa "carga" o "aquel que lleva la carga". Puesto que no se menciona el nombre de su padre, es probable que provenía de la clase baja. Las circunstancias de su llamado también indicarían esto (7:10-17). Dios le llamó al ministerio mientras se dedicaba a cuidar ovejas y cultivar higos silvestres. Este hombre tenía una convicción inconmovible de su llamado divino y nada le detuvo para llevar su carga y entregar su mensaje.

Tecoa •

Los tiempos de Amós fueron de paz y tranquilidad, prosperidad económica, lujos sociales, capitalismo intenso, corrupción judicial y depravación moral. Los formalismos religiosos y rituales que combinaban la idolatría con la alabanza a Jehová, estaban a la orden del día. La santidad de Dios era blasfemada (4:2), los mandamientos de Dios eran transgredidos (2:4-8), y su posición como el pueblo escogido de Dios era menospreciada (3:2). Todos estos factores se combinaban para disminuir las responsabilidades éticas y espirituales del pueblo, y traer sobre ellos el juicio de Dios.

Por lo tanto, el propósito del libro es impresionar al pueblo con el carácter divino y advertirles que, debido a su maldad, Dios estaba dispuesto a castigarlos con severidad a menos que se arrepintieran. Para los que fuesen fieles a Dios y le temieran vendría un día de gran esperanza, con el regreso de su seguridad económica y social, cuando el tabernáculo de David fuese establecido de nuevo (9:11-15).

La mayoría de las autoridades están de acuerdo con la unidad del libro y que Amós es el autor.

BOSQUEJO PARA ESTUDIAR AMÓS

1. Las naciones condenadas 1:1–2:16
2. La nación escogida 3:1–6:14
3. La nación consolada 7:1–9:15

Abdías

Este es el libro más corto del Antiguo Testamento, pero uno de los más profundos y de más alto contenido profético. Tiene que ver con la doctrina del pecado y sus terribles consecuencias como queda demostrado en las vidas de dos naciones que son primas entre sí, Israel y Edom. Abdías, cuyo nombre significa "servidor o alabador de Dios", es el autor del libro. No hay ninguna razón de peso para dudar esto, aunque algunos críticos ven el libro como una colección de oráculos. Esta manera de pensar se debe en parte a un rechazo a la profecía de predicción, como la que encontramos en los versículos 17-21.

Ya que no es posible conectar a Abdías con cualquiera de los demás Abdías mencionados en el Antiguo Testamento, es difícil asignar una fecha a su tiempo de ministerio. Muchas autoridades consideran a Abdías como el más antiguo de los profetas escribientes, y la invasión de los edomitas sobre Judá durante el reino de Joram (848–841 a.C.) como la ocasión de la profecía.

Establecida en lo que aparentaba ser una ciudad con fortalezas impenetrables y ejerciendo control sobre la ruta comercial entre Gaza y Damasco, Edom practicaba frecuentes ataques a las caravanas comerciales que viajaban por esta ruta, al igual que periódicas invasiones de Judá (2 Cr. 21:16-17; 2 R. 8:20). Estas eran señales continuas de la hostilidad entre las dos naciones de Israel y Edom que habían empezado desde el vientre de Rebeca (Gn. 25:19-34), y que continuaron a medida que se presentaba la ocasión, durante el tiempo en el desierto en éxodo (Nm. 20:14-21).

El propósito del libro es revelar que el odio de Edom y su violencia contra el pueblo de Dios serían castigados. El destino, destrucción, y extinción final de Edom son profetizados.

Las lecciones son: (1) Dios es el Dios soberano de la historia y su plan será llevado a cabo; (2) el orgullo es egoísmo manifestado y es el principio básico del pecado; (3) el pecado trae violencia y retribución; y (4) Dios recuerda a los suyos en sus pruebas y les restaura a su debido tiempo.

BOSQUEJO PARA ESTUDIAR ABDÍAS

1. La rebelión de Edom percibida 1–6
2. La ruina de Edom predicha 7–16
3. La restauración de Israel prometida 17–21

Jonás

Este libro es probablemente uno de los más conocidos de los profetas menores debido a los acontecimientos milagrosos que se registran en él. Un suceso que es difícil de creer para muchos, mas para quienes creen en el poder sobrenatural de Dios, no es imposible. Aparte de los sucesos registrados en la historia y en la actualidad acerca de hombres que han sido tragados vivos por animales acuáticos grandes, el testimonio de Cristo que ratifica la autenticidad histórica de los acontecimientos es suficiente para eliminar toda posibilidad de duda en el creyente (Mt. 12:39-40).

El suceso de verdad milagroso en el libro es el arrepentimiento de Nínive, y el que Dios les haya perdonado. Jonás conocía la gracia de Dios, su amor y misericordia, y sabía que sí Nínive se arrepentía, Dios detendría su juicio (4:2). Esto es la razón por la que huyó hacia Tarsis. Como el resto de Israel, él detestaba a Nínive por las crueldades y atrocidades insólitas e inhumanas que cometían con sus enemigos. ¡Jonás se hubiera deleitado con la exterminación completa de Nínive!

Se conoce muy poco acerca de Jonás, cuyo nombre significa "paloma". Algunos le han identificado como Jonás el hijo de Amitai de 2 Reyes 14:25. Si es así, esto ubicaría su ministerio cerca del 760–55 a.C.

El libro enseña acerca de la providencia soberana y activa de Dios, a medida que revela su misericordia, amor, gracia y perdón hacia el pecador arrepentido.

Jafa
(Jope)

El Mar Mediterráneo visto desde Jaffa, la bíblica Jope. Cuando Dios envió a Jonás a Nínive, él decidió por el contrario irse al puerto de Jope.

BOSQUEJO PARA ESTUDIAR JONÁS

1. El mandato a Jonás 1:1-17
2. La confesión de Jonás 2:1-10
3. La comisión a Jonás 3:1-10
4. La controversia con Jonás 4:1-11

Miqueas

El ministerio de Miqueas puede ubicarse en el tiempo de los reyes mencionados en 1:1, por lo que caería entre los años 738–698 a.C. El nombre del profeta significa "¿Quién es como Jehová?" Fue nativo de Moreset y ciudadano del reino de Judá en el sur.

La unidad y el autor del libro han sido dudados por críticos racionales. Estos contienden que ciertas ideas están fuera de lugar para los tiempos de Miqueas. Por lo tanto, debe ser una compilación con un apéndice editorial en 7:7-20. En todo caso, Miqueas fue contemporáneo de Isaías y Oseas, e ideas similares a las suyas pueden encontrarse en sus respectivos libros (por ejemplo, su profecía de la destrucción de Judá; cp. Mi. 1:9-16 con Os. 5:10; Is. 6:11-13). Por esto no hay razón de dudar del libro.

La situación política del tiempo de Miqueas era de gran inquietud y el escenario internacional de potencias mundiales presentaba cambios rápidos. Asiria estaba en crecimiento e Israel cayó ante sus ejércitos conquistadores en 722 a.C. y fue llevado cautivo. Judá, bajo el cuidado providencial de Dios, fue salvada de los Asirios en tres ocasiones. En la última de estas Jerusalén fue asediada por Senaquerib, y la ciudad recibió salvación milagrosa gracias a la oración y fiel dedicación de Ezequías, ocasión en la que el ángel de la muerte mató a 185.000 soldados asirios (2 R. 19:35).

Las condiciones sociales de los tiempos se caracterizaban por jueces corruptos, sacerdotes inmorales, profetas profesionales, y la codicia del lucro económico, problemas estos que proliferaban fuera de todo control. En lo religioso, el pueblo tenía comezón de oír (2:11), los profetas y sacerdotes luchaban por mantener sus estilos de vida fastuosos (3:5), y la honestidad e integridad prácticamente habían desaparecido. Eran comunes las prácticas religiosas paganas en todo el territorio.

En medio de tales condiciones, Miqueas predice juicio inminente sobre Israel y Judá. El mensaje profético nunca cierra sin una promesa de esperanza, pues se predice que en los últimos días el reino será establecido bajo el mando del Mesías (4:1-13), cuyo nacimiento también fue profetizado (5:2).

Moresheth
•

BOSQUEJO PARA ESTUDIAR MIQUEAS

1. La denuncia contra Israel 1:1–2:13
2. La preocupación por Israel 3:1–5:15
3. La controversia con Israel 6:1–7:6
4. La confianza de Israel 7:7-20

Jóvenes judíos se regocijan por las calles de Jerusalén. Miqueas ansiaba la época cuando el pueblo de Dios volvería con regocijo a la Santa Ciudad.

Nahum

Esta es una profecía que trajo gran consuelo y ánimo al pueblo de Dios pues predice la caída de Nínive, una ciudad despiadada, inhumana, malvada y cruel que era la capital del imperio asirio. Como prueba de un tiempo en que la crueldad era común, se han hallado inscripciones cuneiformes en Nínive que registran atrocidades que hacen palidecer a cualesquier otras como insignificantes. Nahum tiene un nombre apropiado, pues significa "consuelo" o "consolación". Su carga o mensaje predice el final de la paciencia de Dios con Nínive, y la destrucción total de la ciudad (1:14; 2:7-13; 3:11-19), que ocurrió en 612 a.C.

Nahum era un nativo de Elcos, ciudad que Jerónimo localiza en Galilea. su exacta localidad, sin embargo, no es cierta. Sí Nahum era de Galilea, él y Jonás, los únicos dos profetas que trataron acerca de Nínive, eran de la misma provincia. Esto convierte en mentira la afirmación de los fariseos de "que de Galilea nunca se ha levantado profeta" (Jn. 7:52). El ministerio profético de Nahum es fechado en 660–55 a.C.

El carácter de Dios como santo, celoso, paciente y que no puede tolerar pecado por siempre, es uno de los temas principales del libro.

BOSQUEJO PARA ESTUDIAR NAHUM

1. El celo de Dios 1:1-15
2. El juicio de Dios 2:1-13
3. La justicia de Dios 3:1-19

Habacuc

El profeta Habacuc, cuyo nombre significa "abrazo", revierte el orden profético normal. En vez de declarar el mensaje de Dios y por lo tanto estar entre Dios y su pueblo, él se acerca a Dios en representación del pueblo y lleva sus ansiedades ante Él, por lo tanto está puesto en pie entre el pueblo y Dios. La fuerza de su mensaje es que los justos vivirán por la fe (2:4). El ministerio de Habacuc tuvo lugar cerca del 655–50.

Oprimidos por sus propios líderes en el interior, y sujetos al castigo de Dios por medio de los caldeos en lo exterior, el pueblo plantea tres preguntas: (1) ¿por qué Dios no contesta sus oraciones? (1:1-4); (2) ¿por qué usa Dios un instrumento malvado como los caldeos para castigar a su propio pueblo? (1:5-11); (3) ¿por qué prosperan los malvados y los justos pasan tiempos tan difíciles? (1:12-17).

Dios dice que para encontrar las respuestas a estas preguntas, se tiene que adquirir la perspectiva espiritual apropiada mediante el acercamiento a Él (2:1) y con una actitud paciente (2:3). De esta manera será evidente que Dios responde las oraciones a su manera y en su mejor tiempo. Dios también les informa que los caldeos serán castigados al fin de cuentas y su juicio será multiplicado debido a su trato cruel con otras naciones (2:5-17). La última pregunta se resuelve con principios espirituales y no materiales. Solo aquellos que miden su prosperidad desde el punto de vista de Dios y no del oro son prósperos en realidad. Los malvados acuden a sus ídolos por ayuda en tiempos de necesidad, pero como estos no tienen vida, no pueden responder (2:18-19). En cambio, Dios siempre responde a los que viven por fe y les recompensa (2:4).

La profecía cierra con un hermoso salmo de oración en el que el profeta clama por avivamiento (3:2) y confiesa que aunque Dios le quitase todas sus posesiones materiales, él se gozaría en el Señor y se regocijaría en el Dios de su salvación (3:18).

BOSQUEJO PARA ESTUDIAR HABACUC

1. Las perplejidades del profeta 1:1-17
2. La perspectiva del profeta 2:1-20
3. La alabanza del profeta 3:1-19

Sofonías

Una torre de vigilancia en los campos cerca de la antigua ciudad de Siquem. Habacuc no podía entender la manera en que Dios usaría a la malvada Babilonia para castigar a su pueblo y subió a su torre de vigilancia para esperar una respuesta de parte de Dios.

El nombre del profeta significa "el Señor esconde o protege". Entre el significado de su nombre y la predicción de la inminencia del gran "día del Señor", al parecer existe una conexión, pues el profeta urge al pueblo que busquen al Señor para que puedan ser "guardados en el día del enojo de Jehová" (2:3). Un remanente será redimido en aquel día. El profeta pudo haber sido de estirpe real, pues traza su linaje hasta Ezequías, quien pudo ser el rey de este nombre como el de su padre. Si es así, hubiese tenido acceso al buen rey Josías, cuyo reino correspondió al tiempo en que profetizó, 635–30 a.C. Por esta razón estaría bien informado acerca de la situación internacional.

Sofonías predice una catastrófica invasión desde el norte, que puede ser la de los nómadas guerreros y de dialecto iraní provenientes del sudeste europeo y que tuvo lugar cerca del 627 a.C. o la de Babilonia bajo Nabucodonosor. De acuerdo con los detalles acerca de las naciones relacionadas y que sufrirían devastación, Babilonia parece ser la opción más viable (2:4-15). Judá y Jerusalén (3:8) también serían destruidas, como ocurrió en 605–586 a.C.

De estos sucesos el profeta salta varios siglos y predice los acontecimientos del tiempo del fin cuando la ira de Dios será derramada sobre las naciones (3:8) e Israel será restaurado (3:9-13) para vivir en las bendiciones del Reino.

BOSQUEJO PARA ESTUDIAR SOFONÍAS

1. El carácter consumado del juicio 1:1-18
2. Lo que el juicio abarcará 2:1-15
3. El carácter correctivo del juicio 3:1-8
4. La compasión en el juicio 3:9-20

Hageo

Nada definitivo puede ser conocido acerca del profeta y su lugar. Algunos dicen que nació en Jerusalén, mientras que otros sostienen que nació en Babilonia durante el cautiverio. En cualquier caso, Hageo, cuyo nombre significa "el festivo", era un anciano cuando regresó a Jerusalén después del exilio (2:3).

Ciro había promulgado un decreto concediendo que los judíos regresaran a Jerusalén a reconstruir el templo. Empezaron la labor con gozo, pero al encontrar hostilidad por parte de los samaritanos y las demoras que esto causó, perdieron su entusiasmo. Sus problemas económicos, el fracaso de las cosechas, lo difícil de la labor y su dedicación a reconstruir y decorar sus propias casas, frenaron por completo el trabajo en el templo. Esto continuó por casi 18 años.

El llamado de Dios vino sobre Hageo y el profeta comenzó su ministerio declarando que las circunstancias negativas del pueblo eran el resultado de la desobediencia. Urgió al pueblo que reconsiderara sus caminos y pusieran en orden sus prioridades espirituales. Proclamaba que al poner a Dios primero en sus vidas, todas las demás necesidades serían suplidas. El pueblo respondió de forma instantánea. No obstante, algunos fueron desanimados al ver que la hermosura y gloria de este templo palidecían ante el templo de Salomón. El mandato de Hageo para cada uno de ellos fue: "Esfuérzate", porque "la gloria primera" sería como nada comparada con la gloria postrera del nuevo templo, ya que "vendrá el Deseado de todas las naciones" (una referencia probable al Mesías), y Dios promete habitar con ellos: "llenaré de gloria esta casa... y daré paz en este lugar" (2:7, 9, 20-23). Hageo les acucia para realizar de nuevo una solemne dedicación de sus vidas a Dios; entonces Él quitaría su pobreza y los bendeciría en abundancia (2:11-19).

Los cuatro mensajes del profeta fueron dados en un período de tres meses.

Una gran menorá o candelero de siete brazos se levanta cerca del parlamento israelí. Zacarías tuvo una visión de un candelero como este.

BOSQUEJO PARA ESTUDIAR HAGEO

1. El compromiso del profeta y el pueblo 1:1-15
2. La comparación de los dos templos 2:1-9
3. La limpieza del pueblo 2:10-19
4. La conquista de las potencias gentiles 2:20-23

Zacarías

El nombre significa "el Señor recuerda". Este es el mensaje central de la profecía. Dios recordó a su pueblo y les dio la oportunidad de regresar del exilio. Solo un remanente regresó, y es a estos que Dios declara sus planes futuros con ellos y con las naciones del mundo que se involucrarán con ellos.

Si el pueblo iba a recibir las bendiciones que les habían sido prometidas, necesitaban abandonar la desobediencia que caracterizó a sus padres y les trajo castigos. Tenían que aprender que el principio fundamental es que la obediencia del corazón es más importante que la observancia de los rituales (1:4-6; 7:4-14).

Las ocho visiones nocturnas que Zacarías recita significan que Dios es el único soberano sobre el cielo y la tierra y que Él se acordará de su pue-

BOSQUEJO PARA ESTUDIAR ZACARÍAS

1. El llamado del pueblo al arrepentimiento 1:1-6
2. El consuelo del pueblo a través de las visiones 1:7–6:15
3. La profecía del Mesías venidero para el pueblo
   7:1–14:21

blo al destruir las naciones que los han perseguido (1:7–2:13). Dios limpiará a su pueblo a través de la obra expiatoria del Mesías, y les suplirá todas sus necesidades con abundancia cuando ellos vuelvan a Él (3:1–4:14). Antes que esto pase, caerá juicio sobre Israel y también sobre las naciones, el mal será removido y puesto en un lugar definitivo e irreversible (5:1–6:15). Los israelitas fijarán entonces su mirada en Él, quien fue herido por ellos y al aceptarle, su victoria contra las naciones queda asegurada. De esta manera vivirán en paz y prosperidad, cuando el reino del Mesías sea establecido (8:1–14:21).

Muchas de las profecías significativas relacionadas con Cristo se encuentran en esta profecía de Zacarías: es llamado el Renuevo (3:8, 6:12), el rey y sacerdote (6:13), el pastor verdadero (11:4-11); su vida es detallada en ciertos sucesos: su entrada triunfal (9:9), su traición (11:12), su muerte (12:10), su segunda venida (14:1-4), y su reino eterno (14:16-21).

Malaquías

Aunque el nombre Malaquías significa "mi mensajero", parece que aquí se utiliza como el nombre propio del profeta. Nada se conoce sobre él fuera del libro. Ministró casi cien años después de Hageo y Zacarías, y la carga de su mensaje era el juicio venidero del Señor sobre los pecados, maldades, e infidelidades de los sacerdotes y el pueblo.

Usando el método de dialogo, una serie de preguntas y respuestas caracterizan los pecados cometidos: (1) los sacerdotes han profanado el nombre de Dios y ofrecido pan contaminado y animales mutilados o enfermos en el altar (1:6–2:9); (2) el pueblo también ha profanado la santidad de Dios al tomar esposas extranjeras, tras divorciarse de sus esposas judías (2:10-16); (3) han hastiado a Dios diciendo que hacer el mal es bueno y que Dios se deleita en ello o le es indiferente (2:17); (4) han robado a Dios al no entregar sus diezmos (3:7-15), y por todo esto Dios no ha derramado su bendición.

La advertencia ahora viene del profeta diciendo que viene el día del

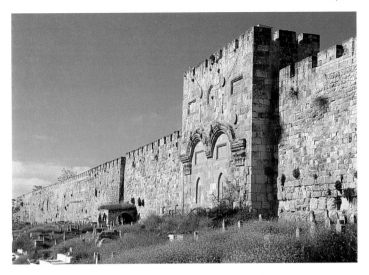

BOSQUEJO PARA ESTUDIAR MALAQUÍAS

1. Las denuncias contra Israel declaradas 1:1-14
2. El pacto con Israel violado 2:1-17
3. La venida a Israel predicha 3:1–4:6

La puerta dorada, en Jerusalén. La tradición dice que esta puerta no se abrirá hasta que el Mesías venga en su gloria.

Señor (4:1-6). Los malvados recibirán castigo pero los que temen al Señor y fueron fieles serán recompensados y disfrutarán salvación eterna. Esto habla acerca de tanto la primera como la segunda venida de Cristo.

La última advertencia es: "Acordaos de la ley de Moisés" (4:5).

Entre los Testamentos

Hay un período de casi cuatro siglos entre el fin del Antiguo Testamento y el principio del Nuevo. Durante este período la voz de Dios por medio de revelaciones divinas se mantuvo en silencio. Ningún libro canónico fue escrito, aunque se produjeron 15 libros que han sido llamados la Apócrifa. Ni los judíos ni los escritores del Nuevo Testamento reconocieron los libros apócrifos como canónicos, aunque la iglesia católica romana en el concilio de Trento en 1546 los declaró como tales (con la excepción de 1 y 2 Esdras y la Oración de Manasés).

Además de la actividad literaria que trajo como resultado los apócrifos, se dieron otros hechos importantes que forjaron la situación cultural y religiosa propia del Nuevo Testamento.

La historia política de ese tiempo cae en varios períodos de dominio y gobierno por potencias extranjeras:

1. Los persas gobernaron a los judíos desde el tiempo del regreso del cautiverio en Babilonia hasta 332 a.C.

2. Los griegos sometieron a los judíos bajo su dominio al conquistar a los persas bajo Alejandro Magno. Esto abrió las puertas de Palestina a los efectos helenísticos de la cultura griega (332–301 a.C.)

3. El período ptolemaico o egipcio de 301–198 a.C. fue un tiempo en que la cultura griega se infiltró en el judaísmo y sus estilos de vida.

4. El período sirio empezó con Antioco II quien derrotó a los egipcios en 198 a.C., y tomó control sobre Palestina. Su sucesor, Antioco IV, quien fue conocido como Epífanes (el iluminado o manifestado), pero cuyo apodo siempre fue Epímanes (el loco), intentó helenizar a los judíos por completo y se dedicó a erradicar las costumbres religiosas del judaísmo. Ordenó que cerdos fuesen sacrificados en los altares judíos y cuando un sacerdote judío reprobado intento hacerlo, los judíos se rebelaron dando comienzo a las guerras de los macabeos. Las tenaces habilidades militares de los macabeos lograron la expulsión de los sirios de Palestina.

5. El período de los macabeos, o dinastía hasmoneana continuó desde 163 a.C. hasta 63 a.C. cuando Roma conquistó Palestina.

6. El período romano fue un tiempo en que Roma gobernó a Palestina por medio de procuradores o dictadores como los Herodes. En 37 a.C. Herodes el Grande fue establecido como rey, y reinó hasta el año 4 a.C. Fue durante su reino que Cristo nació y tuvo lugar la matanza de los infantes en Belén. Herodes tenía tres hijos que le sucedieron como gobernantes: Arquelao reinó sobre Jerusalén desde 4 a.C. hasta 6 d.C.

y después Judea fue gobernada por procuradores romanos (desde 41–44 d.C., pero el rey Herodes Agripa I gobernó sobre Judea); Herodes Antipas gobernó sobre Galilea y Perea desde 4 a.C. hasta 39 d.C.; Felipe gobernó al este y norte del mar de Galilea desde 4 a.C. hasta 34 d.C.

Judíos ortodoxos ante el muro occidental de Jerusalén, lo que queda visible del templo de Herodes.

Durante el período Romano, un gran poder estaba concentrado en las manos del sumo sacerdote, quien para todos los fines prácticos, era el dirigente político oficial de los judíos. El período romano concluyó cerca del 135 d.C.

Los desarrollos religiosos durante los cuatro siglos entre los dos Testamentos vieron la traducción de la Septuaginta, (desde 250–150 a.C.), la creación de las sinagogas, y el establecimiento de varias sectas religiosas: los fariseos, los saduceos y los esenios.

Los fariseos eran los *legalistas* del día. Estaban dedicados a la ley de Moisés y buscaban adaptarla y aplicarla a las diferentes condiciones y experiencias de la vida. Tenían una firme creencia en lo sobrenatural, en ángeles, en la inmortalidad del alma, las doctrinas de la vida futura, recompensas y castigos futuros y la resurrección. Cuando Jerusalén cayó, los fariseos preservaron la existencia del judaísmo porque estaban dedicados a la Ley de Moisés; la caída de la ciudad no destruyó la Ley ni los fariseos, y ambos fueron preservados.

Los saduceos eran los *racionalistas* de la época. Sus creencias estaban regidas por el escepticismo en su actitud hacia la religión. Creían en la interpretación literal de la Ley de Moisés pero no permitían que tuviese mucha influencia en sus vidas. Negaban la existencia de los ángeles, la inmortalidad, recompensas y castigos, y la vida futura. Eran materialistas y todo lo veían desde un punto de vista terrenal. Debido a su asociación primordial con la actividad del templo, su destrucción trajo la desaparición gradual de los saduceos.

Los esenios eran los *místicos* de su tiempo. Algunos les han identificado con la comunidad de Qumrán que se encargó de la preservación de las Escrituras en los rollos hallados en el Mar Muerto, aunque hay algunos problemas con esta conexión. Sin embargo, esas Escrituras tienen una importancia tremenda para nuestro entendimiento de esta clase de vida y enseñanzas comunales. Como una comunidad monástica, los esenios hacían énfasis en el aislamiento del mundo. Compartían la propiedad y comían de una misma mesa. Eran vegetarianos y su economía se basada en las labores de campo. Detestaban la suciedad en cualquier forma y sus vestimentas blancas representaban la pureza espiritual.

Estos grupos tuvieron un impacto significativo sobre el judaísmo y su fe. Los saduceos eran los que tenían mayor influencia en asuntos políticos durante el Nuevo Testamento.

Las condiciones *morales* de esos años eran horrendas en particular. Eran comunes prácticas corruptas como los cultos idólatras y sacrílegos, el divorcio, el aborto, el infanticidio, la prostitución, la lujuria y el adulterio que tanto caracterizaban al mundo gentil. El pueblo estaba angustiado y oprimido, era evidente su necesidad de un Mesías.

Los griegos, romanos, y judíos en sus importantes condiciones de liderazgo cultural contribuyeron a forjar durante estos cuatro siglos el mundo en el cual Cristo entró y en el que se habría de propagar el cristianismo.

Los griegos, con su expresión clásica y su civilización contribuyeron de manera singular, pues fue en este idioma que el Antiguo Testamento fue traducido y esparcido a través de las sinagogas. De igual manera, cuando Dios dio su revelación en el Nuevo Testamento, este fue escrito en griego, pues era el idioma comercial de la época.

Los romanos dejaron el legado de la ley y el orden, además de un excelente sistema de carreteras, unas cinco vías principales que salían de Roma hasta todos los extremos del reino.

Los judíos hicieron cuatro contribuciones principales: la creencia en Dios, las Escrituras en el lenguaje común de los griegos, la sinagoga como lugar de alabanza pública y una fuerte fe en Dios. Todas estas cosas tuvieron un fuerte impacto sobre la mentalidad gentil y muchos se convirtieron en simpatizantes del judaísmo.

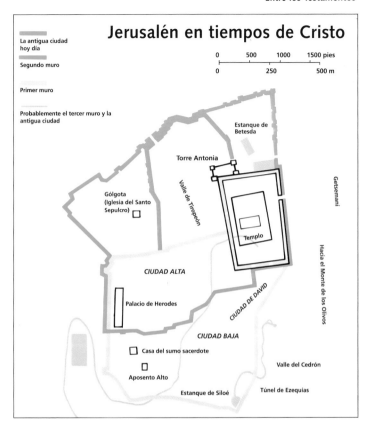

Jerusalén en tiempos de Cristo

La antigua ciudad hoy día

Segundo muro

Primer muro

Probablemente el tercer muro y la antigua ciudad

0   500   1000   1500 pies
0   250   500 m

Estanque de Betesda

Torre Antonia

Gólgota (Iglesia del Santo Sepulcro)

Valle de Tropeón

Templo

Getsemaní

Hacia el Monte de los Olivos

CIUDAD ALTA

Palacio de Herodes

CIUDAD DE DAVID

CIUDAD BAJA

Casa del sumo sacerdote

Aposento Alto

Valle del Cedrón

Túnel de Ezequías

Estanque de Siloé

Durante estos siglos entre los Testamentos, de muchas maneras diferentes Dios estaba preparando al mundo para la venida de Cristo, y como Pablo dijo: "Pero cuando vino el cumplimiento del tiempo, Dios envió a su Hijo, nacido de mujer y nacido bajo la ley" (Gá. 4:4).

El Nuevo Testamento

La revelación divina dada en el Nuevo Testamento es el registro de las acciones redentoras de Dios y culminan con la encarnación, crucifixión, y resurrección de Cristo y el avance del evangelio por el Imperio Romano. Está contenido en 27 libros, escritos bajo la inspiración del Espíritu Santo, por varios de los apóstoles o algunos muy cercanos a ellos.

Estos libros relatan la historia de la primera venida de Cristo, los orígenes de la iglesia, las enseñanzas doctrinales y éticas de la fe cristiana, y la consumación profética de la historia del mundo. Estos sucesos pueden ser catalogados bajo cuatro cate-gorías:

REVELACIÓN – los Evangelios

En los cuatro evangelios se detalla de forma singular la vida de Cristo; su nacimiento, vida, ministerio, muerte y resurrección. Cristo es revelado aquí como el Dios-hombre, quien vino a cumplir las profecías mesiánicas y traer salvación a la humanidad. Estos cuatro libros son históricos en su naturaleza.

EXPANSIÓN – los Hechos

Después de la muerte y resurrección de Cristo, los apóstoles estaban esperando la venida del Espíritu Santo. El registro de este acontecimiento

Una parte del río Jordán cerca del lugar tradicional en que Jesús fue bautizado por Juan el Bautista.

y el origen de la iglesia de esos tiempos se hallan en este libro. La predicación del evangelio, con énfasis en la resurrección de Cristo, fue rápidamente adoptada y esparcida por los apóstoles a través del mundo conocido. Esta nueva fe fue tan dinámica que los apóstoles han sido llamados los hombres que cambiaron el mundo. En Hechos se ve una iglesia en pleno movimiento.

Una vista desde la parte más alta del gran teatro de Éfeso donde se provocó un tumulto durante la visita de Pablo.

INSTRUCCIÓN – las epístolas

Debido a que el evangelio debe ser no solamente predicado sino también preservado, fue necesario dar instrucciones acerca de su contenido ético y doctrinal. Esta es la función de las cartas escritas por varios de los apóstoles a iglesias e individuos.

En la categoría de cartas doctrinales o eclesiásticas, se encuentran las siguientes cartas: Romanos, 1 y 2 Corintios, Gálatas, Efesios, Filipenses, Colosenses, 1 y 2 Tesalonicenses, Hebreos, Santiago, 1 y 2 Pedro, Judas y 1 Juan.

Seis de las cartas son escritas a individuos: 1 y 2 Timoteo, Tito, Filemón, 2 y 3 Juan. Estos libros tratan temas como: el pecado, la condenación, la salvación, la justificación, la santificación, la segunda venida, los problemas de la iglesia como: errores doctrinales, la conducta ética de los creyentes en lo relacionado al gobierno, temas de la vida doméstica, y liderazgo en la iglesia local.

CONSUMACIÓN – Apocalipsis

Junto con el plan de instrucción viene el plan de Dios para la dirección de la historia hacia su consumación final. Este plan profético es detallado en el Apocalipsis. En este libro el plan de Dios para la iglesia, los judíos, y el mundo, es revelado como ya en movimiento hacia su desenlace final.

El Arco de Trajano en Roma conmemora la destrucción de Jerusalén por los romanos en el año 70 d.C. Los soldados romanos aparecen en él llevando en hombros el candelero de siete brazos.

El libro muestra el final de Dios para la civilización humana. Es una conclusión triunfal en la cual el hombre redimido es visto en gloria, Cristo es rey sobre todo lo viviente, y toda la creación junto con el creyente es liberada de todas las cadenas de la corrupción.

Todos estos libros del Nuevo Testamento abarcan los sucesos y necesidades de la iglesia durante un período de cien años. Como registro inspirado de la revelación divina, los preceptos y principios del Nuevo Testamento rigen la vida del creyente dentro y fuera de los confines de la iglesia local. Junto con el Antiguo Testamento, el Nuevo constituye "Toda la Escritura es inspirada por Dios, y útil para enseñar, para redargüir, para corregir, para instruir en justicia, a fin de que el hombre de Dios sea perfecto, enteramente preparado para toda buena obra" (2 Ti. 3:16-17).

Los Evangelios

Los evangelios presentan cuatro relatos de la vida y el ministerio de Cristo. Muchos plantean la pregunta: "¿por qué cuatro evangelios?" La respuesta no es difícil de encontrar pues se encuentra en los mismos escritos. Los contenidos revelan con claridad que las cuatro necesidades básicas de la humanidad fueron satisfechas en el Salvador: en lo político, en lo gubernamental, en lo intelectual, y en lo espiritual.

Estas necesidades están detalladas en las necesidades básicas del pueblo de aquel tiempo: (1) los judíos anhelaban tener un rey, por lo tanto Mateo presenta a Jesús como el rey; (2) los romanos estaban interesados en tener un buen gobierno y un individuo que pudiese lograr hechos grandes. Marcos presenta a Jesús como el hacedor de grandes obras y milagros, y como el siervo; (3) los griegos buscaban sabiduría, conocimientos y entendimiento. El evangelio de Lucas muestra a Cristo como la sabiduría encarnada de Dios, el Señor del universo humanado. Es el hombre por excelencia; (4) el mundo en general necesita un Salvador

Peregrinos cristianos reunidos a la entrada de la tumba del huerto, Jerusalén, un conmovedor recordatorio del lugar en el que fue sepultado Jesús.

111

total quien pueda satisfacer sus profundas necesidades espirituales. Juan presenta a Cristo como el mismo Dios. Él es la deidad en la que el mundo encuentra al Salvador completo, Cristo es Dios.

Junto con estas cuatro imágenes de Cristo como el Dios–hombre, los evangelios muestran la relación entre las profecías del Antiguo Testamento concernientes a Cristo y la manera como se cumplen con su venida. En dos profecías del Antiguo Testamento, el Mesías prometido es revelado como el rey esperado por los judíos (Jer. 23:5; Zac. 9:9) En Mateo 27:37 Cristo es presentado como el rey de los judíos. Para el concepto de Cristo como el Siervo, dos referencias proféticas se encuentran en Isaías 42:1 y Zacarías 3:8. Marcos las muestra cumplidas en Marcos 10:45, declarando que el Hijo del hombre vino a servir y no a ser servido. Para las profecías de la humanidad del Mesías, Zacarías declara que Él es el Renuevo que construirá el templo de Dios (Zac. 6:12). Lucas, quien presenta a Cristo como el hombre perfecto, emplea un título del Antiguo Testamento para demostrar la humanidad del Mesías, el Hijo del Hombre, quien ha venido a buscar los perdidos (19:10). Juan, presentando a Cristo como el verdadero Dios por causa de sus milagros, escribió: "Hizo además Jesús muchas otras señales en presencia de sus discípulos, las cuales no están escritas en este libro. Pero éstas se han escrito para que creáis que Jesús es el Cristo, el Hijo de Dios, y para que creyendo, tengáis vida en su nombre" (20:30-31). La promesa profética de la deidad del Mesías es dada en Isaías 40:9.

Los cuatro evangelios mantienen su propio propósito, pero aun así, tres de ellos, Mateo, Marcos y Lucas, son similares en temática y expresiones literarias. Por esto son denominados "sinópticos", lo que significa que tienen un punto de vista similar. Al buscar la razón de las similitudes y diferencias, que también existen, las autoridades escolásticas han postulado numerosas teorías mediante las cuales intentan resolver el llamado "problema sinóptico". Es muy probable que los autores hayan contado con diversas fuentes escritas y orales, incluyendo testigos directos de los sucesos, para producir su material. También es claro que ninguna teoría debe ignorar el efecto definitivo de la inspiración del Espíritu Santo, quien controló la revelación y el trabajo de los autores, de manera que el producto final equivale a las palabras de Dios registradas en el estilo, el idioma, y la personalidad del autor del evangelio.

Contexto político en los tiempos del Nuevo Testamento

Emperadores romanos	Gobernadores herodianos	Procuradores
César Augusto 27 a.C-14 d.C.	**Herodes el Grande 37-4 a.C.** King of Jews, great builder, Hellenizer.	
	Arquelao 4 a.C.-6 d.C. Hijo de Herodes, etnarca de Judea, cruel.	
Nacimiento de Jesús, niñez en Nazaret	**Herodes Antipas 4 a.C.-39 d.C** Tetrarca de Galilea y Perea Mató a Juan el Bautista	
	Felipe 4 a.C.-34 d.C. Tetrarca de Iturea y Traconite	
Tiberio César 14-37 Ministerio público, muerte y resurrección de Jesús		**Poncio Pilato** era procurador de Judea y Palestina 26-36
Calígula 37-41 Crecimiento de la iglesia, conversión de Pablo	**Herodes Agripa I 37-44** Gobernó sobre la tetrarquía de Felipe, Judea, Perea y Galilea (41-44)	
Claudio 41-54 Primeras obras misioneras de Pablo		
	Herodes Agripa II 50-100 Gobernó sobre las antiguas tetrarquías de Felipe y Lisinias y en partes de Galilea y Perea	
Nerón 54–68 Últimas obras misioneras de Pablo y su martirio en Roma		
Galba, Otón, Vitelio 68-69 Guerra romano-judía en Palestina		
Vespasiano 69-79 Caída y destrucción de Jerusalén y del estado judío. Judíos esparcidos		
Tito 79-81		
Domiciano 81-96 Probable exilio de Juan en Patmos; el libro de Apocalipsis		

Mateo

El evangelio de Mateo ha sido reconocido como escrito por Mateo, el cobrador de impuestos. Las autoridades críticas que niegan que Mateo escribió el libro lo hacen basados en varias teorías principales, creadas para resolver el problema sinóptico. Sin embargo, negar la autoría de Mateo equivale a ignorar la tradición unánime de la iglesia primitiva y el hecho de que Mateo, como publicano, tenía la habilidad para escribirlo. Él muestra en el evangelio un fuerte interés en cantidades, dinero y estadísticas numéricas, como en el caso de la división precisa de las genealogías de Cristo en tres grupos de catorce, los diez mil talentos, y los talentos para invertir. (Mt. 1:17; 18:24; 25:15). Papías, un anciano de la iglesia primitiva hizo la declaración: "Mateo escribió las palabras en el dialecto hebreo..." Con esta declaración es probable que no se estuviera refiriendo a una escritura del evangelio de Mateo en arameo, sino directamente a los discursos de Jesús que registró en arameo y utilizó como bases para escribir su evangelio en griego. Por lo tanto, no hay razones adecuadas para negar la autoría de Mateo.

La mayoría de las autoridades están de acuerdo en que el evangelio fue escrito antes de la destrucción de Jerusalén en el año 70. Una fecha del año 50 parece ser adecuada.

El propósito de este libro es revelar a Jesús como el heredero legal del trono de David. Él es el hijo de David, el rey de los judíos. Para cumplir este propósito, Mateo presenta tres hechos prominentes de la vida de Cristo. (1) su genealogía, en la que demuestra que desciende del linaje real de Judá (1:1-17); (2) su lugar de nacimiento es Belén de Judá, la ciudad real de David (2:1, 2); (3) su ministerio y no obstante su rechazo como rey por parte del pueblo (21:9-11; 23:37-39); (4) su relación con la promesa de Abraham, incluso la posición central del judío y la relación con todos los hombres (1:2, 5; 12:18, 21; 28:18-20). Al presentar a Cristo como rey y demostrar su derecho genuino de tomar la corona sobre los judíos, Mateo expande la idea del Reino mesiánico. Emplea, como distinción de los otros evangelios, la frase "el reino de los cielos".

Hechos singulares de Mateo que no se encuentran en los otros evangelios son: la visión de José (1:18-25), la visita de los sabios de oriente (2:1-12), el escape a Egipto (2:13-15), la matanza de los niños (2:16-18), la muerte de Judas (27:3-5), el sueño de la esposa de Pilato (27:9), el soborno de los guardias (28:12-15), y la gran comisión (28:18-20).

Palestina en tiempos de Cristo, 6–44 d.C.

Tierra asignada a:

Herodes Antipas

Felipe

Arquelao

Límites

Vía principal

SIRIA

Monte Hermón

Cesarea de Filipos

Tiro

Fenicia

GALILEA

GAULONITIS

TRACONITE

BATANEA

Tolemaida

Capernaum

Betsaida

Caná

Mar de Galilea

Séforis

Hipos

AURANITIS

Nazaret

Monte Tabor

Río Jordán

DECÁPOLIS

Cesarea

Escitópolis (Bet-sán)

SAMARIA

MAR MEDITERRÁNEO

Sebasté (Samaria)

Sicar (Siquem)

Gerasa

PEREA

Jope

Filadelfia (Rabá-amón)

Jamnia

Jericó

Emaús

Jerusalén

Belén

Qumran

calón

JUDEA

Herodión

Gaza

Hebrón

MAR MUERTO

IDUMEA

Masada

NABATEA

| 0 | 10 | 20 | 30 | 40 mi |
| 0 | 20 | 40 | 60 km |

BOSQUEJO PARA ESTUDIAR MATEO

Cristo como rey

1. Las credenciales del rey 1:1–4:11
2. Los criterios del reino 4:12–7:29
3. La autenticación del rey 8:1–11:1
4. El contenido de las enseñanzas del rey en parábolas 11:2–13:53
5. La crisis del rey 13:54–26:2
6. La crucifixión del rey 26:3–28:20

Marcos

Aunque Marcos no fue un apóstol, tenía una asociación muy estrecha con Pedro (1 P. 5:13), y como el hijo de María, cuyo hogar en Jerusalén fue un centro de actividad para la iglesia primitiva (Hch. 12:12), estaba muy familiarizado con las luchas y triunfos de los primeros cristianos. Por lo tanto, hay razón para creer que él escribió los relatos de Pedro como testigo del ministerio de Cristo, al igual que sucesos que pudo haber presenciado él mismo. Es posible que Marcos sea el joven que huye desnudo del huerto (14:51-52). Por lo general es señalado como el Juan Marcos de Hechos 12:12, 25; 15:37. También era pariente de Bernabé (Hch. 15:36-39; Col. 4:10). Luego estuvo muy cerca de Pablo, por lo cual es evidente que se reivindicó en el ministerio (2 Ti. 4:11).

Junto a esta evidencia interna de que Marcos escribió este evangelio, existe evidencia externa que es muy contundente. Papías indica que Marcos fue el intérprete de Pedro en este evangelio. Justino Mártir denomina este evangelio las memorias póstumas del apóstol. Pedro y Pablo viajaron a Roma, y después de sus muertes, Marcos, como discípulo e intérprete de Pedro escribió lo que había predicado. (Mr. 1:36; 11:21; 13:3).

De esta evidencia interna y externa, se puede concluir que Marcos fue el autor, y se puede definir la fecha en que fue escrito. Pedro y Pablo no llegaron a Roma antes de la persecución de Nerón en el año 64, y Marcos no menciona la destrucción de Jerusalén. Por esto parece que el libro fue escrito entre los años 65–70, siendo 67 la fecha más probable.

El propósito de Marcos es mostrar que el Salvador es un hombre de acción. Las expresiones activas que se traducen "luego" y "en seguida" son usadas por Marcos con frecuencia para registrar el trabajo ministerial y los desplazamientos de Cristo (1:10, 12, 18, 20, 21, 29; 5:13; 6:45; 8:10; y otras). Para Marcos el Salvador es el Siervo por excelencia y como escribe en particular a los creyentes romanos, explica costumbres y pa-

BOSQUEJO PARA ESTUDIAR MARCOS

Cristo como siervo

Capernaum

1. En su calidad de Hijo 1:1-13
2. En servidumbre 1:14–13:37
3. En sacrificio 14:1–15:47
4. En triunfo sobrenatural 16:1-20

labras judías, (5:41; 7:2-4, 11, 34). De la misma manera, los latinismos utilizados por Marcos indican que fue escrito para los romanos.

Las características singulares de este libro son mínimas: no hace citas directas de alguna profecía del Antiguo Testamento, omite la genealogía de Cristo, pone mucho énfasis en los milagros de Cristo para indicar que podía hacer grandes obras, y da interesantes informaciones secundarias acerca de aquellos asociados con Cristo.

Los peregrinos cristianos contemplan el Mar de Galilea desde las laderas del Monte de las Bienaventuranzas

Lucas

Este evangelio ha sido llamado el más literal de los evangelios y el evangelio que más se acerca a ser una biografía de Cristo. También es el primero de los dos documentos procedentes de la pluma de Lucas, siendo el otro el libro de los Hechos. Usualmente los dos libros son unidos al discutir sobre su autoría, porque ambos tienen prefacios similares, en los que se dirige el contenido a Teófilo, ("el que ama a Dios"). En el prólogo del evangelio, Lucas plantea como objetivo del libro que Teófilo conociese la verdad de las cosas en que ha sido instruido (1:4). Luego en Hechos la historia continúa con la expansión de la iglesia a medida que se dedica a hacer lo que Jesús inició a través del Espíritu Santo (Hch. 1:1-2).

Aunque algunos dudan de la autoría de Lucas, las evidencias internas y externas son tan fuertes que es prácticamente imposible negar que Lucas escribió este evangelio. Lucas fue llamado por Pablo "el médico amado" (Col. 4:14) y los términos médicos junto con el interés del escritor en las enfermedades, también sugieren con vigor que un médico como Lucas tuvo que haber sido el autor. Otra evidencia interna apoya esto: la dedicatoria, el estilo literal y el vocabulario similares, indican que el autor de Hechos es el autor de este evangelio; las secciones de "nosotros" en Hechos (16:10-17; 20:5-21; 18; 27:1–28:16) muestran que el autor era compañero de Pablo en sus viajes misioneros, por lo tanto estaba en capacidad de escribir con precisión estas secciones, junto al resto de Hechos. La evidencia externa consiste en que la iglesia primitiva aceptaba universalmente la autoría del evangelio de Lucas aun desde la mitad del segundo siglo. La fecha de su escritura se fijado entre 58–60.

Lucas tiene tres propósitos es este evangelio: (1) fortalecer y confirmar a Teófilo en la fe cristiana; (2) mostrar que Cristo, al someterse a la voluntad de Dios convirtiéndose en hombre, es el Hombre perfecto y el Salvador de la humanidad, quien puede salvar a todo aquel que viene en fe a Él, pues el Hijo de Dios ha venido a buscar y salvar a los perdidos (19:10); y (3) avanzar el tema de la redención con Cristo como el redentor (2:38; 24:21).

Características únicas en Lucas son: (1) la genealogía de Cristo, con énfasis en su posesión de todas las naciones y su lugar como el Salvador de todos los que confíen en Él de entre todos los pueblos; (2) el relato de la presentación de Cristo en el templo (2:21-28); la preservación de los himnos inspirados por el Espíritu Santo (como los cantos de los ángeles, de María, Elisabet y Zacarías); (3) el énfasis en la doctrina del Espíritu Santo (1:15, 35, 41, 67; 2:25, 26; 3:22; 4:1, 14, 18; 10:21; 24:49); (4) las múltiples y variadas enseñanzas acerca de la oración, la alabanza y la acción de gracias (11:5-13; 18:1-8; 21:36, y otras); (5) las enseñanzas por medio de parábolas y situaciones como con la mujer pecadora (7:36), el rico y Lázaro (16:19-31), y la sanidad de los diez leprosos (17:12-19); (6) la posición singular asignada a las mujeres, por ejemplo, la descripción de María y las demás mujeres al frente de la cruz (23:55, 56; 24:1-

Parábolas de Jesús

	Mateo	Marcos	Lucas
Remiendo nuevo en vestido viejo	9:16	2:21	5:36
Vino nuevo en odres viejos	9:17	2:22	5:37–38
La casa sobre la roca y sobre la arena	7:24–27		6:47–49
Los dos deudores			7:41–43
El sembrador y los terrenos	11:3–8	4:3–8	8:5–8
La lámpara bajo el almud	5:14–15	4:21–22	8:16; 11:33
El buen samaritano			10:30–37
El amigo persistente (molesto)			11:5–8
El rico insensato			12:16–21
Los siervos vigilantes			12:35–40
El mayordomo fiel			12:42–48
La higuera sin frutos			11:6–9
La semilla de mostaza	13:31–32	4:30–32	13:18–19
La levadura	13:33		13:20–21
Los lugares de honor			14:7–14
El gran banquete y los invitados indiferentes			14:16–24
Considerar el precio			14:28–33
La oveja perdida	18:12–13		15:4–6
La moneda perdida			15:8–10
El hijo pródigo			15:11–32
El mayordomo injusto			16:1–8
El rico y Lázaro			16:19–31
Los siervos y sus deberes			17:7–10
La viuda y el juez injusto			18:2–5
El fariseo y el publicano			18:10–14
Los talentos	25:14–30		19:12–27
Los labradores malvados	21:33–41	12:1–9	20:9–16
Las hojas de la higuera	24:32–33	13:28–29	21:29–31
El regreso del dueño		13:34–36	
La semilla que crece		4:26–29	
La cizaña	13:24–30		
El tesoro escondido	13:44		
La perla de gran precio	13:45–46		
La red	13:47–48		
El siervo implacable	18:23–34		
Los viñadores	20:1–16		
Los dos hermanos	21:28–31		
El banquete de bodas	22:2–14		
Las diez vírgenes	25:1–13		
Las ovejas y los cabritos	25:31-36		

La tradición considera que Jesús nació en este lugar en Belén, la ciudad de David.

BOSQUEJO PARA ESTUDIAR LUCAS

Cristo como el hombre perfecto
1. En preparación 1:1–4:15
2. En proclamación 4:16–9:62
3. En enseñanzas por parábolas 10:1–18:30
4. En su pasión 18:31–24:53.

11); (7) el énfasis marcado y la importancia dada a los niños, algo inusual en aquel tiempo (7:12; 9:38); (8) el énfasis puesto sobre el contraste económico entre ricos y pobres (12:13-21); y (9) el registro de la campaña de Cristo en Perea (9:51–18:14).

Juan

El evangelio de Juan es peculiar y varía radicalmente de los otros tres evangelios en su presentación de la vida y ministerio de Cristo. En lugar de entrar en detalles sobre la vida de Cristo, le presenta en sus relaciones personales con los hombres. Juan también se limita a registrar nada más que siete milagros, los cuales llama señales. Este evangelio no sigue ninguna estructura cronológica y difiere ampliamente de la estructura característica de los evangelios sinópticos. Su estilo de escribir es sencillo pero detrás de esta sencillez se encuentra una profundidad de pensamiento que no puede ser por completo objeto de análisis. Un ejemplo de esta profundidad se encuentra en la introducción de Jesús como el *logos* (palabra o razón), un término filosófico usado en la época, en especial por Filo. Juan despoja la palabra de sus encajes filosóficos y la aplica a Cristo como quien es eterno, la revelación tangible de Dios y el Hijo de Dios encarnado (1:1-18).

La evidencia, tanto interna como externa, apunta a Juan, aquel "al cual Jesús amaba" (13:23-25) como la persona que "escribió estas cosas" (21:24). La evidencia externa en la iglesia primitiva confirma la tradición universal de que Juan escribió este evangelio. Ireneo declaró que Juan, el discípulo del Señor y aquel que en la última cena se reclinó en el costado de Jesús, se había dedicado a escribir un evangelio mientras residía en Éfeso. En este testimonio se encuentra un descendiente lineal de Ireneo que era un discípulo de Policarpo, y este a su vez había sido un discípulo de Juan. Policarpo recitaba con frecuencia los dichos de Juan el apóstol: por lo tanto, el testimonio de Ireneo refuerza y confirma el testimonio de Policarpo.

La evidencia interna muestra que el autor era un judío de Palestina que estaba familiarizado con las festividades judías (2:13, 23; 5:1; 6:4; 7:37; 10:22; 13:1; 18:28) y las costumbres del pueblo judío (2:1-10; 3:25; 4:27; 11:38, 44, 53; 19:31, 40); conocía muy bien la geografía palestina (2:12-16; 3:23; 4:11, 20; 5:2; 8:20; 9:7; 10:22; 11:1, 18, 54; 18:1; 19:17); era conocido por el sumo sacerdote (18:15); fue testigo ocular de la vida del Señor y le conoció de manera íntima (1:14; 2:24; 4:1-3; 6:15; 11:33; 13:1, 21; 18:4; 19:35; 21:24); además hace énfasis en la importancia de la creencia (esta palabra y sus variaciones ocurren cerca de cien veces en este Evangelio). Un individuo así responde a todas las calificaciones requeridas para escribir un evangelio de esa magnitud, y entre los discípulos Juan es el que mejor se ajusta como autor del libro.

El llamado descubrimiento hecho por Eusebio de dos hombres llamados Juan en Éfeso, a saber, Juan el apóstol y Juan el presbítero, ha llevado a algunos críticos recientes a postular que Juan el presbítero

BOSQUEJO PARA ESTUDIAR JUAN

Cristo como el Dios pleno

1. En revelación del Hijo 1:1–4:54
2. En reacción hacia el Hijo 5:1–6:71
3. En rebelión contra el Hijo 7:1–12:50
4. En reclusión por el Hijo 13:1–17:26
5. En rechazo al Hijo 18:1–19:42
6. En resurrección del Hijo 20:1-29
7. En responsabilidades con el Hijo 21:1-25

Éfeso

•

Mar Mediterráneo

fue el autor. Ya se ha demostrado que la declaración de Eusebio fue mal interpretada y que los dos nombres se refieren al mismo individuo, Juan el apóstol, quien también fue Juan el presbítero o anciano en la iglesia de Éfeso (2 Jn. 1; 3 Jn. 1).

La tradición afirma que Juan el apóstol fue el pastor de la iglesia en Éfeso y que María la madre de Jesús fue miembro activo allí. También afirma que Juan murió y fue sepultado en Éfeso, y que alentado por sus hermanos discípulos y obispos, de acuerdo al canon muratorio, Juan escribió su evangelio como el último de los evangelios. Como resultado de los testimonios de los padres de la iglesia primitiva y de otros, así como la ausencia de cualquier referencia a la destrucción de Jerusalén, la escritura de este evangelio debe fecharse varios años después de 70 d.C. Existe consenso entre los eruditos en el sentido de que fue escrito entre 85 y 90 d.C.

El propósito de este evangelio es afirmado con claridad por Juan (20:30-31). El discípulo amado representa a Cristo como el Dios verdadero, y a fin de convencer de esto a los hombres, Juan fue llevado por dirección divina a escoger ciertas señales y prodigios significativos que cumplieran tal propósito.

Por lo tanto, el trato que Juan hace de la vida y ministerio de Cristo produce una serie de características no comunes a los otros evangelios: (1) no resalta el método de enseñanza por parábolas, ya que no menciona una sola; (2) registra cuatro Pascuas, mientras que los otros evangelios solo mencionan una; (3) menciona una serie de sucesos no registrados en los otros evangelios, tales como el milagro en Caná, el hombre inválido en Betesda, la mujer en el pozo, la resurrección de Lázaro, la oración sacerdotal en el capítulo 17, el ministerio inicial de Cristo en Judea, y la historia de la mujer adúltera; (4) presenta las grandes afirmaciones de Cristo sobre su capacidad perfecta para satisfacer las necesidades espirituales de todos los hombres: Él es el Pan de vida (6:35), la Luz del mundo (8:12; 9:5), el buen Pastor (10:7, 11, 14), la Resurrección y la Vida (11:25),

Milagros de Jesús

Milagro	Mateo	Marcos	Lucas	Juan
Jesús pasa por en medio de una airada multitud				4:28–30
Cura a un hombre endemoniado		1:23–26	4:33–35	
Sana a la suegra de Pedro	8:14–15	1:30–31	4:38–39	
Pesca milagrosa			5:1–11	
Sana al leproso	8:2–3	1:40–42	5:12–13	
Sana al paralítico	9:2–7	2:3–12	5:18–25	
Sana al hombre de la mano seca	12:10–13	3:1–5	6:6–10	
Sana al siervo del centurión	8:5–13		7:1–10	
Resucita al hijo de la viuda			7:11–15	
Calma la tempestad	8:23–27	4:37–41	8:22–25	
Sana al endemoniado	8:28–34	5:1–15	8:27–35	
Resucita a la hija de Jairo	9:18–25	5:25–42	8:41–56	
Sana a la mujer con flujo de sangre	9:20–22	5:25–29	8:43–48	
Alimenta a cinco mil personas	14:15–21	6:35–44	9:12–17	6:5–13
Sana al muchacho endemoniado	17:14–18	9:17–29	9:38–43	
Sana al endemoniado, mudo y ciego	12:22		11:14	
Sana a la mujer encorvada			13:11–13	
Sana al hombre hidrópico			14:1–4	
Sana a los diez leprosos			17:11–19	
Sana al ciego Bartimeo	20:29–34	10:46–52	18:35–43	
Sana la oreja de Malco			22:50–51	
Sana a dos ciegos	9:27–31			
Sana al endemoniado y sordo	9:32–33			
Hace que se encuentre dinero en la boca del pez	17:24–27			
Sana el hombre sordo y mudo		7:31–37		
Sana al hombre ciego		8:22–26		
Cambia el agua en vino				2:1–11
Sana la fiebre del hijo de un oficial del rey				4:46–54
Sana al paralítico en el estanque de Betesda				5:1–9
Sana al hombre que nació ciego				9:1–41
Resucita a Lázaro				11:1–44
Segunda pesca milagrosa				21:1–11
Camina sobre el agua	14:25	6:48–51		6:19–21
Sana a la hija de la cananea	15:21–28	7:24–30		
Alimenta a cuatro mil personas	15:32–38	8:1–9		
La higuera se seca	21:18–22	11:12–26		

y la Vid verdadera (15:1); además, (5) omite ciertos acontecimientos significativos tales como el Sermón del Monte, la transfiguración y la agonía en Getsemaní.

Hechos de los apóstoles

Se han asignado varios títulos a este libro. Ha sido llamado el Libro de los Hechos, los Hechos de los apóstoles, y más apropiadamente, los Hechos del Espíritu Santo. Este último título demuestra el secreto del éxito de la expansión de la fe cristiana. El poder del Espíritu Santo sobre el cual Cristo instruyó a sus discípulos que esperaran recibirlo, fue lo que motivó y llenó de energía a los primeros predicadores del evangelio. Su poder trajo convicción a corazones judíos manchados de pecado y después a incontables vidas de gentiles. De este modo, muchos fueron agregados a la fe a medida que el evangelio se fue esparciendo por el Imperio Romano.

La pregunta acerca de la autoría de este libro se contesta al corroborar la autoría del evangelio de Lucas. Estos dos libros son inseparables; Hechos es el segundo volumen del registro de Lucas acerca de lo que Cristo "comenzó a hacer y a enseñar" en todo lo relacionado con Su ministerio después de la ascensión a través de sus discípulos. La evidencia interna y externa, y la veracidad histórica del libro son argumentos contundentes de que Lucas fue su autor. Por ende, el libro fue escrito por Lucas, y debido a que es probable que Pablo llegó a Roma en el año 59, y que llevara cerca de dos años en

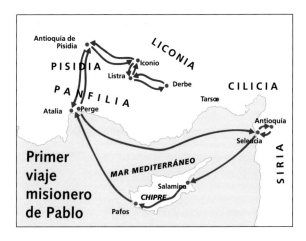

Segundo viaje misionero de Pablo

Roma al cierre del libro, la fecha de su escritura se puede ubicar en el año 61.

El libro de Hechos empieza con la atención enfocada en el ministerio didáctico de Cristo después de su resurrección durante cuarenta días con los apóstoles. Cristo les instruyó en profundidad sobre asuntos relacionados con el reino de Dios (1:3) y les mandó a esperar la promesa del Padre (1:4), lo que significaba que serían bautizados con el Espíritu Santo en pocos días (1:5). No sabemos lo que Cristo enseñó a los discípulos acerca del reino, pero sabemos cuáles fueron las labores que les asignó: habrían de ser testigos de Él en Jerusalén, toda Judea, y en Samaria, y a toda la tierra (1:8).

Por lo tanto, el propósito del libro es registrar los primeros sucesos asociados con esta labor a medida que los apóstoles la adelantaban bajo el poder del Espíritu Santo. El mensaje que fue predicado en cumplimiento de la tarea encomendada fue que solamente la sangre de Cristo trae el perdón de los pecados (4:12) y que este mensaje fue ratificado por Dios cuando Él levantó a Cristo de los muertos (1:3; 2:24, 27; 3:15; 4:10; 10:40; 17:31). Para aquellos que rechazan este mensaje de vida eterna, un día de juicio ha sido designado, como Pablo recuerda a su auditorio (17:30, 31). Este día de juicio también ha sido garantizado por la resurrección de Cristo de la muerte.

Ciertos puntos claves en el cumplimiento de la comisión divina son descritos en el libro: la ascensión de Cristo (1:9-11), cuando da a los apóstoles la autoridad para realizar la labor; el bautismo en el Espíritu

BOSQUEJO PARA ESTUDIAR HECHOS

La persona y obra del Espíritu Santo

1. La decisión de esperar su venida para establecer la iglesia 1:1-26
2. Su venida a la tierra para organizar la iglesia 2:2-4
3. Su mover para darle poder a la iglesia 2:5–4:37
4. La disciplina para purificar la iglesia 5:1-42
5. La dirección para guiar a la iglesia 6:1–28:31
   a. En administración 6:1-15
   b. En persecución 7:1–8:3
   c. En evangelismo 8:4–14:28
   d. En cónclave 15:1-29
   e. En expansión 15:30–28:31

Santo (2:1-4), que les da el poder necesario para la labor a medida que la llevaban a cabo a través del instrumento divino de la iglesia; la acción disciplinaria de Pedro (5:1-11), demostrando el derecho que la iglesia tiene de mantenerse pura en la realización de la labor, el origen del diaconado (6:1-8), dando a los discípulos ayudantes oficiales para cumplir la labor eclesiástica; el martirio de Esteban (7:1-60), que proveyó la visión y el incentivo para expandir las áreas en las que la labor debería ser procurada; la conversión de Pablo (9:1-15), que suministró el líder idóneo para cumplir la labor misionera entre los gentiles; y el concilio en Jerusalén (15:1-29) que les dio el evangelio puro de la gra-

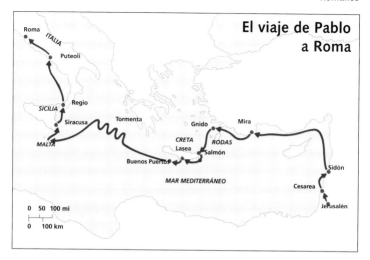

El viaje de Pablo a Roma

cia de Dios como el único mensaje necesario para completar la labor.

A medida que la labor de evangelización se llevaba a cabo, el libro de Hechos registra que Dios usó a ciertos personajes sobresalientes: Pedro, capítulos 1–5; Esteban, capítulos 6–7; Felipe, capítulos 8–12; y Pablo, capítulos 13–28. El libro cierra diciendo que "Pablo permaneció dos años enteros en una casa alquilada, y recibía a todos los que a él venían, predicando el reino de Dios y enseñando acerca del Señor Jesucristo, abiertamente y sin impedimento" (28:30-31).

Romanos

Si alguna carta de Pablo puede ser nombrada como la más grandiosa, ese honor debe corresponder a la epístola a los romanos. Es el sistema teológico de la fe cristiana dado por inspiración divina. Algunos han dicho que todos los grandes avivamientos de la iglesia cristiana han comenzado con la predicación de la epístola a los romanos.

La tradición de la iglesia siempre ha considerado a Pablo como el autor de este libro y solo ha sido en tiempos recientes que algunos han postulado críticas al respecto. De todas maneras, no existe argumento alguno con suficiente fuerza para negar que la carta es de Pablo. Desde Ireneo en adelante, la evidencia externa sugiere que Pablo es el autor; la evidencia interna muestra que el escritor se llama a sí mismo Pablo (1:1) y otras alusiones al autor (11:13; 15:15-20) muestran que solo Pablo concuerda con las descripciones.

La razón de escribir esta carta es dada por el mismo Pablo (1:10-13);

BOSQUEJO PARA ESTUDIAR ROMANOS

1. La reprobación del hombre 1:1–3:20
2. La redención del hombre 3:21–8:39
3. La reconciliación de Israel 9:1–11:36
4. La responsabilidad de los creyentes 12:1–16:27

Él deseaba visitar a los creyentes de la iglesia en Roma pero hasta ese punto no había logrado ir a causa de diversas circunstancias. La fecha de su escritura es después de 2 de Corintios porque Pablo, de acuerdo con Romanos 15:25, estaba a punto de partir hacia Jerusalén y había escrito 2 Corintios mientras estuvo en Macedonia, antes de ese viaje. Ahora se encontraba en Corinto, donde se quedó tres meses (Hch. 20:2, 3) y desde donde escribe esta carta a los romanos en el año 56.

El propósito de esta carta es fortalecer a los creyentes de Roma en las magníficas doctrinas de la fe cristiana. Es probable que la iglesia de Roma estuviera compuesta por gentiles en su mayoría, con los creyentes judíos como la minoría. Estos creyentes gentiles necesitarían instrucción, no solo en las doctrinas de la fe (1–11) sino también en la aplicación práctica de estas doctrinas en la vida cotidiana del creyente (12–16).

Después de una larga introducción a la carta, el apóstol se concentra en temas en los que según discierne, los creyentes necesitan recibir instrucción. Para iluminar estos temas, utiliza cuatro preguntas básicas: (1) ¿cuál es el problema con el mundo? (1:18—3:20); (2) ¿cómo puede ser restaurado el mundo? (3:21–8:39); (3) ¿cómo influye Israel en esta situación? (9:1—11:36); (4) ¿cómo puede el creyente aplicar la fe en su vida diaria? (12:1–16:27).

A medida que el apóstol responde estas preguntas, describe la raíz de sus enseñanzas. El mundo tras haberle dado la espalda a Dios, está bajo la maldición del pecado, y los hombres de todas las clases son pecadores y están bajo condenación por su propia culpa: (1) el mundo gentil (1:18-32); (2) el hombre moral (2:1-16); (3) y el hombre religioso (2:17-29).

Todos son culpables por igual y están bajo condenación, ninguno puede ser justificado bajo mérito alguno, buenas obras, adherencia a la ley (3:19-20). La única manera por la que el mundo puede ser restaurado es por la obra redentora de Cristo. Para ser restaurado a una buena relación con Dios, el hombre solo puede ser salvado por la gracia de Dios en Cristo, y justificado por fe (3:21–5:21). Para mantener una vida victoriosa y justa viviendo en Cristo (6:1–7:25) el hombre debe saber lo que Cristo ha hecho por él (6:2-10), reconocer que ha muerto al pecado y el cuerpo del pecado ha sido destituido (6:11), y luego, ceder los miembros de su cuerpo como instrumentos de la justicia (6:13), y declarando su total obediencia a la Palabra de Dios (6:17). La obediencia diaria a la Palabra trae el proceso de santificación en Cristo. Este camino de Dios para la santificación es contrastado con el camino del hombre (capítulo 7), y el fracaso que trae cuando se intenta. Por otro lado, el creyente

nunca puede perder su salvación, pues nada puede separarle del amor de Cristo (8:1-39).

Ahora la pregunta que el apóstol enfrenta es: ¿cómo se relaciona esta salvación con Israel? ¿Ha sido abandonado el pueblo de Dios a favor de los gentiles? La respuesta de Pablo es un resonante ¡no! Israel ha sido cegado por un tiempo como parte del juicio y disciplina divinos (11:7), pero Dios no abandonará a su pueblo por siempre, sino que recordará su pacto, y el día vendrá cuando toda Israel será salvo (11:25-36).

Pablo llega en este momento a la aplicación práctica de las verdades doctrinales. El creyente ahora debe entregarse del todo y sin reservas a Dios, y poner en orden sus prioridades espirituales: (1) rendirse ante Dios (12:1-2); (2) evaluar sus propias capacidades de forma adecuada (12:3-8); (3) servir a los demás con amor (12:9-21). Después de esto, el creyente no debe dejar sus responsabilidades en asuntos cívicos (capítulo 13), asuntos de la iglesia (capítulo 14) o asuntos ministeriales (capítulo 15). Con estas admoniciones, el apóstol cierra su carta con una extensa lista de saludos personales (capítulo 16).

Ruinas del foro de la antigua Roma.

Roma
•

Primera Epístola a los Corintios

Corinto
•

Mar Mediterráneo

Esta carta es inusitada en el sentido de que nos permite dar un vistazo interior al corazón de una iglesia local y la imagen obtenida es la que uno podría esperar ver en cualquier iglesia local, en cualquier tiempo. Las iglesias locales están compuestas por personas regeneradas, (y algunas que no lo son) pero aun estas personas tienen sus problemas. Lo principal de esta carta a la iglesia en Corinto es tratar con problemas como la división en cuanto a cuál es el grupo más prestigioso, la inmoralidad y la disipación, las relaciones matrimoniales, la libertad cristiana, la remuneración ministerial, la conducta en la santa cena, los dones espirituales, y la enseñanza sobre el orden de la resurrección. Mientras que estos problemas eran motivo de grandes molestias para la iglesia y ellos escribieron a Pablo pidiendo consejos sobre la manera de resolverlos, el apóstol no solo trató con los problemas, sino que escribió un maravilloso discurso acerca del amor, el cual si es aplicado a la vida diaria, eliminaría la mayoría de los problemas y traería paz y pureza a la iglesia.

Los problemas que la iglesia de Corinto enfrentaba se debían quizás a la naturaleza misma de la ciudad en que vivían. Corinto era un puerto próspero que gozaba de comercio exuberante y una economía estable, una ciudad poblada por romanos, griegos y judíos. En esta situación, las normas morales eran livianas, la idolatría abundaba y los vicios eran comunes. Estos mismos podrían ser causa de muchos de los problemas dentro de la iglesia. Las dificultades de los creyentes jóvenes en adaptarse a la vida cristiana en medio de las normas morales de libertinaje de las que recién habían salido y los problemas asociados con el consumo de carne sacrificada a los ídolos, eran grandes fuentes de preocupación para ellos. Las tentaciones a la carnalidad eran poderosas y ocasionaban muchas desviaciones de la vida espiritual.

La iglesia de Corinto fue fundada por Pablo después que salió de Atenas

BOSQUEJO PARA ESTUDIAR 1 CORINTIOS

1. Desórdenes en la iglesia 1:1–4:21
2. Disciplina en la iglesia 5:1–6:8
3. Directrices para el matrimonio 6:9–7:40
4. Decoro en la Cena del Señor 8:1–11:34
5. Diversidad de dones espirituales 12:1–14:40
6. Descripción de la muerte a la luz de la resurrección de Cristo 15:1-58
7. Demandas en la obra del evangelio 16:1-24

y llegó a Corinto (Hch. 18:1-18). Después de su tiempo en Corinto, viajó a Éfeso con Aquila y Priscila. Pablo después fue a Palestina y luego regresó a Antioquía de Siria y finalmente a Éfeso. Pablo escribió esta carta probablemente hacia el fin de su estadía en Éfeso. La fecha fue entonces el 54 o 55.

El propósito de esta carta es capacitar a los creyentes para entender sus responsabilidades cristianas en relación con la iglesia local (1:1–4:21), principios éticos y morales (5:1–6:20), relaciones matrimoniales (7:1-40), comida ofrecida a los ídolos (8:1-13), conducta durante la santa cena (11:1-34), y el uso de dones espirituales (12:1-31). El apóstol también postula la necesidad de que el creyente sea gobernado por la ley del amor, que es el don divino por excelencia. Los capítulos finales dan al creyente la confirmación de la fe en la resurrección (15:1-58).

Columnas del antiguo templo de Apolo en Corinto, un rico puerto de mar que disfrutaba de un esplendoroso intercambio comercial. Su población la constituía romanos, griegos y judíos.

Segunda Epístola a los Corintios

Esta carta es intensamente personal y una en la que queda expuesta el alma del apóstol ante sus hermanos e hijos espirituales en Corinto. Es autobiográfica y revela los fuertes lazos de amor entre el apóstol y los convertidos bajo su ministerio. Esta carta se escribió en respuesta a una carta severa que Pablo con toda seguridad escribió a los corintios (pero que se extravió y no se trata de la carta mencionada en 1 Co. 5:9), la cual fue escrita entre 1 y 2 Corintios.

La ocasión para 2 Corintios fue el informe que Tito le dio a Pablo cuando se reunieron en Macedonia y Tito le informó acerca de las condiciones espirituales de los corintios. Tito dijo que la mayoría de los corintios se habían arrepentido de su oposición a Pablo y se sometían al evangelio predicado por él. De todas maneras, una minoría seguía siendo

BOSQUEJO PARA ESTUDIAR 2 CORINTIOS

1. Los principios de acción del apóstol 1:1–7:16
2. La provisión del apóstol para los santos pobres 8:1–9:15
3. La polémica acerca del ministerio del apóstol 10:1–13:14

hostil hacia Pablo, y se habían organizado bajo el liderazgo de un predicador judaizante que estaba en su contra (10:7).

Pablo responde ahora a los corintios sobre esta cuestión, y es posible que esta sea su cuarta carta a ellos (las otras dos se mencionan en 1 Co. 5:9 y 2 Co. 2:3-4, 9; 7:8-12; estas no se han hallado). Esta carta, debido a que las demás se desconocen, es llamada Segunda de Corintios.

Pablo comienza esta carta indicando que, contrario a las acusaciones de otros hacia él, Dios ha bendecido su ministerio porque siempre se caracterizó por la oración, la vida simple y la sinceridad santa (1:11–2:17). Además, indica que su mejor credencial para ejercer su autoridad apostólica era evidente en los mismos corintios. Su salvación por la gracia de Dios a través del mensaje sencillo del evangelio y la continuación de su fe validaba su ministerio (3:1–5:20).

Después habla de la responsabilidad que ellos tienen de dar para la obra de Dios, y les recuerda su compromiso de dar con generosidad al pueblo de Dios. Declara que la mayordomía está fundada en la gracia (8:1, 7), es gobernada por la voluntad de la persona que da en amor a Cristo (8:8–12:24; 9:2, 7), es dada a todos los cristianos como un privilegio espiritual (8:12-15), debe ser en proporción a los ingresos (8:14; 9:7), y glorifica a Dios, pues ayuda a propagar el evangelio (9:13, 14). El apóstol concluye vindicando su ministerio contra los que se le oponen. Muestra que no es carnal, como le acusan, sino fuerte por medio de Dios (10:1-6); no es débil y cobarde, aunque su apariencia física deje mucho que desear (10:7-11); y que solamente se gloría en el Señor (10:12-18). También advierte en contra de los falsos profetas (11:13-15) e indica que toda su gloria es en el Señor, quien ha bendecido su ministerio ricamente (11:16-33; 12:1–13:4).

Desde el tiempo de Policarpo, la tradición de la iglesia ha reconocido que Pablo es el autor de esta carta, aunque algunos han cuestionado su unidad al decir que la carta que Pablo está respondiendo no se perdió, sino que se encuentra en los capítulos 10–13. Esto no parece ser cierto. Esta carta (2 Corintios) fue escrita por Pablo desde Macedonia poco después de 1 Corintios, por lo tanto es fechada entre los años 54–55. La evidencia interna también apoya la autoría de Pablo (2:13; 7:5-7; 8:1; 9:2-4). Es demasiado personal como para haber sido escrita por un impostor.

Gálatas

Junto con las cartas a los romanos y las dos a los corintios, esta carta trata con el persistente problema de la enseñanza de los judaizantes. El problema de la relación entre la Ley y el evangelio, aunque resuelto por el concilio de Jerusalén (Hch. 17) y tratado por Pablo en reiteradas ocasiones, parece nunca haberse solucionado. Ni siquiera en el tiempo presente.

La autoría de este libro nunca ha sido cuestionada en realidad. La evidencia externa desde Clemente de Roma en adelante ha apoyado la autoría paulina y la evidencia interna ha sido igual de contundente. No habría ningún propósito para que un impostor forjase una carta que trata con las preguntas de la circuncisión y la autoridad apostólica de Pablo.

El destino de la carta sí ha sido objeto de mucho debate. ¿Le escribió esta carta a las iglesias en el norte de Galacia fundadas en su segundo y tercer viajes misioneros? ¿O la escribió a las iglesias en el sur de Galacia fundadas durante su primer viaje misionero (Hch. 13:14–14:23)?

Pareciera que la evidencia apoya el punto de vista del sur, pues las iglesias de las importantes ciudades de Listra, Derbe, Iconio y Antioquía de Pisidia se encuentran en esa área, y es probable que los maestros judaizantes no prefieran ir a las ciudades remotas a cambio de estas importantes ciudades. El hecho que Pablo usa el término "Gálatas" en vez del nombre de las ciudades no va en contra de este punto de vista, pues

Ruinas del antiguo acueducto de Antioquia de Pisidia, ciudad en la que Pablo inició sus actividades misioneras.

BOSQUEJO PARA ESTUDIAR GÁLATAS

1. Defensa del apostolado de Pablo 1:1-9
2. Declaración de la autoridad de Pablo 1:10–2:14
3. Delineamiento del argumento de Pablo 2:15–6:18

frecuentemente los escritores del Nuevo Testamento utilizaban un nombre territorial y no étnico para aludir a una ciudad o distrito (véase Hechos 2:10; 18:2, 24; 20:4, y otras).

La pregunta que se plantea ahora es: ¿escribió esta carta antes del concilio de Jerusalén (Hch. 15) o después del concilio, y cerca del mismo tiempo en que escribió 1 y 2 Corintios? La respuesta parece ser que se escribió antes del tiempo del concilio, cerca del 48 o 49 d.C. Si fue después, ¿por qué razón Pablo no cita la decisión del concilio a los gálatas acerca de la relación de la Ley con el evangelio? (Hch. 15:19-35).

El propósito de la carta de Pablo a los gálatas es claro: La ley de Moisés con su exigencia ceremonial de la circuncisión no debe ser adicionada al evangelio libre de la gracia de Dios en salvación por fe en Cristo solamente.

Pablo estaba tan profundamente conmovido por los informes de que los judaizantes estaban llevando al error a los gálatas con su demanda de añadir la ley o las buenas obras a la salvación por gracia a través de la fe y nada más, que de inmediato le escribió a los gálatas de su propio puño y letra. Escribió a mano las letras de cada palabra al final (probablemente cada una tenía dos centímetros y medio de altura) porque su vista de seguro ya era deficiente (Gá. 6:11).

Pablo defiende primero que todo su apostolado, demostrando que recibió el evangelio por revelación directa de Cristo (1:12) y que los apóstoles a quienes visitó en Jerusalén no le enseñaron algo adicional pues había sido hecho igual a ellos por la gracia de Dios (1:15–2:21). La cúspide de su argumento dice que el evangelio de la gracia de Dios se recibe como un regalo por fe solamente, mostrando que la ley no tiene que ver con la salvación de una persona, pues como el Espíritu Santo fue dado por gracia, también la salvación es dada así (3:1-9). Se muestra que la ley trae muerte y condenación en vez de vida y salvación (3:10-18), y finalmente, que el propósito de la ley es revelar al hombre que es un pecador, para llevarlo a Cristo, y magnificar la gracia de Dios (3:19-29). La carta concluye mostrando un contraste entre Sara (la libre) y Agar (la esclava) e instruyendo a los gálatas a andar en el fruto del Espíritu (5:1–6:18).

Efesios

Esta carta a los efesios es una de las llamadas cartas de prisión de Pablo, pues fueron escritas mientras Pablo cumplía su primera condena de prisión en Roma. Esto ubica su escritura cerca del 60–61 d.C. De acuerdo con Efesios 6:21-22, Tíquico entregó esta carta a los efesios. Puesto que las palabras "en Éfeso" no están en muchos de los mejores manuscritos griegos, muchas autoridades creen que la carta es una circular escrita con el propósito de ser divulgada entre las varias iglesias como Laodicea, cercanas a Éfeso en Asia menor.

La carta tiene un doble propósito que define la naturaleza general antes que específica de la carta. Fue escrita primero para revelar el misterio de la iglesia (universal, no local), dando a entender que el judío y el gentil son miembros en condiciones iguales de un mismo cuerpo (3:1-7); y segundo, para recordarle al creyente que camine con dignidad en su vida diaria, en armonía con su posición real en Cristo "en los lugares celestiales" (1:3, 20; 2:6; 4:1–5:33; 6:12-20).

El apóstol empieza la carta diciendo que nuestra posición en los lugares celestiales es en virtud de nuestra elección soberana de Dios en Cristo (1:4) y que hemos sido predestinados a ser adoptados como hijos (1:5) para ser hechos conformes a la imagen del Hijo, y hemos sido sellados con el Espíritu Santo de la promesa (1:13). El mismo poder de Dios mediante el cual levantó a Cristo de la muerte está disponible para el creyente en su vida diaria (1:17-23).

Continuando en su argumento, Pablo postula el significado de la salvación como un regalo por la gracia de Dios (2:1-9), solamente mediante

La columna que aparece en esta foto es lo más importante que aún queda del una vez espectacular templo de Diana o Artemisa de Éfeso.

BOSQUEJO PARA ESTUDIAR EFESIOS

1. La voluntad de Dios 1:1-23
2. La obra de Dios 2:1–3:21
3. El andar conforme a Dios 4:1–6:9
4. La batalla por Dios 6:10-24

Filipos

●

Mar Egeo

la fe. Ahora es responsabilidad del creyente manifestar su salvación ante los hombres (2:10-22).

En el capítulo tres, el apóstol revela el misterio de la iglesia. En contraste con el tiempo del Antiguo Testamento, durante el cual el gentil solo podía ser salvo por su relación con Israel el pueblo de Dios, ahora él y los judíos tienen igual oportunidad para salvación en Cristo y tienen partes iguales en el cuerpo de Cristo, la iglesia (3:1-21).

Al concluir su argumento, Pablo exhorta al creyente a andar como es digno de su llamamiento divino en su conducta diaria, para mostrar la posición que tiene en los cielos con Cristo. Esto debe practicarse como hijos de la luz (5:8) en todas las áreas de la vida: en las relaciones matrimoniales, en las responsabilidades de padres e hijos, y en situaciones de trabajo (5:22–6:10). La exhortación final es a vestirse por entero con la armadura de Dios para batallar contra los principados y potestades (6:11-24).

Filipenses

Esta es una tierna y amorosa carta personal de Pablo a una iglesia que era muy preciosa para él. El apóstol tenía profundos lazos de amor con los miembros de esta iglesia; el gozo y la felicidad caracterizan sus pensamientos cuando recordaba la generosidad de ellos hacia los santos pobres en Jerusalén, y hacia él personalmente (4:10-19; cp. Ro. 15:25; 1 Co. 16:2; 2 Co. 8:1-4). De la misma manera que eran reales su gozo y alegría, ellos deberían gozarse en el Señor, actitud que es uno de los principales temas de esta carta (1:4, 25, 26; 2:2, 16, 17, 18, 28; 3:3; 4:4, 10).

La iglesia en Filipos, una ciudad importante en Macedonia y colonia romana, fue fundada por Pablo en respuesta a una visión (Hch. 16:9-40). Ahora él escribe esta carta a esta iglesia que fue empezada en una prisión, desde una cárcel en Roma. Tiene múltiples propósitos para escribir a los filipenses: (1) expresar su gratitud a Dios por el amor de ellos hacia él y su progreso continuo en la vida cristiana (1:1-11); (2) darles un informe de sus circunstancias presentes (1:12-26); (3) recordarles que tengan la misma actitud de Cristo en unidad, humildad y obediencia en el servicio mutuo y a Dios (1:27–2:18); (4) enviar una nota de recomendación y explicación al enviar a Timoteo y Epafrodito (2:19-30); (5) advertirles sobre falsos maestros y exhortarles a andar como es digno

La impresionante
biblioteca de
Celso en la
antigua Éfeso.

de Cristo (3:1-21); (6) motivarles al gozo, la oración y la consideración
de todo lo que sea bueno y virtuoso (4:4-9); y (7) agradecerles por su
reciente obsequio y previas generosidades (4:10-20).

Las evidencias externas de la tradición de la iglesia, Clemente de Roma,
Policarpo, etc., y las evidencias internas de estilo literario, sucesos históricos y expresiones personales (1:1; 4:10-20) son argumentos convin-
centes a favor de la autoría paulina. Como Pablo estaba encarcelado en
Roma, la fecha de la escritura fue cerca del 60–61 d.C.

Algo interesante en esta carta es que Pablo no se presenta a sí mismo

El foro romano en la antigua Filipos.

BOSQUEJO PARA ESTUDIAR FILIPENSES

1. Cristo nuestra provisión 1:1-30
2. Cristo nuestro patrón a seguir 2:1-30
3. Cristo nuestro poder 3:1-21
4. Cristo nuestra paz 4:1-23

como apóstol sino como siervo de Cristo (1:1). Esto revela que los filipenses no cuestionaban el apostolado de Pablo y también que Pablo quería destacar el concepto de servidumbre en su vida y para los filipenses, mediante la emulación de la servidumbre de Cristo (2:5-8). La manera de llegar a ser exaltado es para Cristo y el creyente a través del sufrimiento y el servicio (2:17-30). Estas exhortaciones muestran la intensa índole personal de la carta.

Colosenses

Esta carta que es similar a Efesios, también fue escrita por Pablo desde la prisión en Roma cerca del 60–61 d.C. Las evidencias externas (a partir de Ignacio) e internas (el autor se llama a sí mismo Pablo en 1:1, 23; 4:18) son muy contundentes para la autoría de Pablo.

Esta carta fue motivada por la visita de Epafras a Pablo mientras estaba encarcelado en Roma. La visita tenía dos propósitos: (1) alentar a Pablo, comunicándole el amor de los colosenses por él, y (2) presentar a Pablo la necesidad de la iglesia de los colosenses de recibir instrucción y edificación. Maestros falsos habían entrado a la región, enseñando una doctrina que era combinación de la ley de Moisés con misticismo y superstición orientales (2:8-18).

Estas enseñanzas fueron una forma temprana de gnosticismo, una forma de obtener conocimientos superiores que alegaba la supuesta capacidad humana para adentrarse y entender misterios espirituales en toda su profundidad. Entre lo que enseñaban estaba la doctrina de acuerdo con la cual existen muchos cuasi–dioses o espíritus superiores, entre los cuales se contaba Cristo. Para llegar a Cristo debía pasarse a través de un sinnúmero de seres intermedios de naturaleza angélica. También ale-

Colosas

•

Mar Mediterráneo

Tumbas en la antigua Vía Apia de Roma. Es probable que el apóstol Pablo fuera ejecutado en Roma.

BOSQUEJO PARA ESTUDIAR COLOSENSES

Pablo exalta Cristo como la cabeza de la Iglesia
1. Las declaraciones de Pablo 1:1-14
2. La dignidad de Cristo 1:15-29
3. Las doctrinas de la Iglesia 2:1–3:4
4. Los deberes del cristiano 3:5–4:18

gaban que había otros semidioses aun por encima de Cristo y otros tantos entre Él y el Dios invisible.

En el contexto de unas enseñanzas tan falsas, es fácil comprender las razones por las que Pablo hizo ciertas declaraciones fuertes. Contra su postulado de que Dios no existía completamente en Cristo, Pablo dijo que en Él se encontraba la plenitud de Dios (2:9; 1:15, 18, 19). Por cuanto el gnosticismo consideraba todo lo material como maligno en sí, el hecho que Pablo dijese que Dios existía corporalmente en Cristo fue una fuerte refutación para ellos. En su enseñanza de que Cristo era un ser inferior a Dios, el hecho que Pablo declarara sin equívocos su igualdad con Dios y su superioridad sobre otros seres fue como un insulto para los gnósticos (2:10-15). Pablo también presenta acusaciones contra los judaizantes y su legalismo (2:11, 13, 14-23). Además, el uso de palabras como sabiduría, conocimiento, entendimiento espiritual, poderes de las tinieblas, declaran que solamente en Cristo se encuentra verdadera sabiduría espiritual y entendimiento, y no en las enseñanzas falsas del gnosticismo. También como contraste a la afirmación de que Dios nunca podría ser conocido, Pablo argumenta que Cristo es la imagen expresa de Dios en su totalidad y Él puede ser conocido y es digno de confianza para la salvación. El apóstol también revela que dar muerte al cuerpo no se logra a través de la mortificación ascética y carnal prescrita por los falsos maestros, sino por la mortificación espiritual de los miembros del cuerpo. La nueva vida del creyente está escondida en el Cristo resucitado, quien nos da victoria sobre los deseos y la lujuria carnales (capítulo 3).

Las Epístolas a los Tesalonicenses

Tesalónica

•

Las dos cartas de Pablo a la iglesia en Tesalónica son de las primeras entre todos los escritos de Pablo. Durante este período un tema vital era el del regreso de Cristo. Existían muchas preguntas y problemas relacionados con esta doctrina. Una de las razones de Pablo para escribir estas cartas era ayudar a los creyentes en Tesalónica a entender con mayor claridad la doctrina sobre el regreso de Cristo.

El marco histórico de la iglesia de Tesalónica se encuentra en Hechos 17:1-9. Pablo llegó a esta ciudad desde Filipos, donde había fundado la primera iglesia europea. Trayendo en su cuerpo las marcas del sufrimiento por Cristo, llegó a puerto comercial y próspero de gran movimiento. Como era su costumbre, de inmediato acudió a la sinagoga donde predicó a Cristo primero a los judíos, pues la ciudad tenía una floreciente comunidad de familias judías. En esta sinagoga también se encontraba un grupo de prosélitos gentiles. Hubo dos reacciones a la predicación de Pablo: una ávida recepción en especial por parte de los prosélitos y los gentiles; pero entre los judíos se dio una reacción violenta y amarga que planteó la necesidad de que Pablo saliera de la ciudad. De todas maneras, el resultado fue una iglesia activa y en crecimiento (H¬h. 17:3-4).

Tras viajar desde Tesalónica hasta Berea, y luego a Atenas, y finalmente a Corinto, Pablo esperaba ansioso el regreso de Timoteo y Silas con un informe sobre la labor en Tesalónica. Este informe está reflejado en 1 Tesalonicenses 3:6-8.

Mar Mediterráneo

Ruinas de una mazmorra romana en Filipos, Macedonia. Probablemente fuera la cárcel en la que pusieron a Pablo.

BOSQUEJO PARA ESTUDIAR 1 Y 2 TESALONICENSES

1. **Nuestra esperanza en Cristo** *1 Tesalonicenses*
   a. La espiritualidad de los creyentes 1:1-10
   b. Los sufrimientos de los creyentes 2:1–3:10
   c. La santificación de los creyentes 3:11–4:12
   d. La segunda venida para los creyentes 4:13–5:28
2. **Nuestra glorificación en Cristo** *2 Tesalonicenses*
   a. Consuelo a los creyentes en persecución 1:1-12
   b. Consejo para los creyentes por profecías 2:1-12
   c. Mandamientos para los creyentes en su vida diaria
      2:13–3:18

Las buenas noticias traídas por Timoteo y Silas son sin lugar a dudas la ocasión oportuna para escribir estas cartas a la iglesia de los tesalonicenses. El escritor de ambas cartas se llama a sí mismo Pablo (1 Ts. 1:1; 2:18; 2 Ts. 1:1; 3:17) y junto con la evidencia externa adecuada, no hay necesidad de cuestionar la autoría de Pablo. La fecha de la escritura de ambas cartas desde Corinto fue entre 50 y 51. Algo interesante es que en su carta a los filipenses y sus dos cartas a los tesalonicenses, Pablo no se llama a sí mismo "apóstol", y razón probable de ello es la relación mutua de amor y confianza entre estas iglesias y Pablo.

La primera epístola trata en términos amplios dos temas vitales que concernían a las iglesias: la confortación y el ánimo del apóstol a la iglesia debido a diversos sufrimientos y persecuciones que estaban padeciendo, y la doctrina de la segunda venida de Cristo en lo que se relaciona con la fe y la vida.

Unos meses después que recibieron la primera carta de Pablo, los tesalonicenses recibieron otra carta para completar la instrucción de la primera. Esta carta era para asegúrales a los tesalonicenses que no estaban experimentando el tiempo llamado el día del castigo y la ira de Dios. El día del Señor no vendrá hasta que la apostasía se manifieste y el hombre de pecado o hijo de perdición haya sido revelado (2:2-10). Por lo tanto, ellos deben vivir de una manera santa a la luz del regreso futuro del Señor, y los que habían dejado de trabajar por estar esperando la venida de Cristo debían volver a sus labores y no ser mantenidos por otros (3:6-15). Ya habían sido informados acerca de las señales que anunciarían el día del Señor.

Las epístolas pastorales

Mar Egeo

CRETA

Las cartas de 1 y 2 Timoteo y Tito corresponden a los últimos días en la vida del apóstol. La última imagen de Pablo en Hechos lo muestra en prisión en Roma. Muchas autoridades creen que Pablo fue liberado de esta cárcel por las alusiones en 2 Timoteo 4:16-17.

Después de ser liberado, parece que Pablo visitó las iglesias en Asia con Timoteo y Tito. Dejando a Timoteo en Éfeso (1 Ti. 1:3) para tomar cargo de la iglesia y resolver algunos de sus problemas internos, siguió hasta Creta y después de un ministerio breve dejó a Tito a cargo de pastorear a los creyentes de ese lugar (Tit. 1:5). Primera Timoteo y Tito parece que se escribieron durante este período, entre el 64 y el 66 d.C. De acuerdo con esta evidencia, parece que Pablo fue arrestado de nuevo, y devuelto a una prisión en Roma desde la cual escribió 2 Timoteo, que también está fechada entre 67–68. Esta carta indica que ya pensaba que estaba muy cerca el momento de su muerte. A la luz de esta evidencia, se entiende que estas cartas pastorales no tienen que caber dentro de los sucesos registrados en Hechos.

Los temas de estas cartas demandan un vocabulario diferente a las otras cartas de Pablo. Muestran que la iglesia en su estructura gubernamental y su alabanza pública estaban volviéndose más complejas y necesitaban dirección específica y liderazgo firme para mantener el orden dentro de la iglesia. Este cambio necesitaba un vocabulario diferente de las anteriores cartas que trataban con las grandes doctrinas de la fe.

El que estas cartas fueron escritas en un período posterior de la era apostólica se hace evidente no solo en la complejidad de la vida de iglesia, sino en la mayor desviación de la verdad por parte de los falsos maestros de la Palabra de Dios. Habían aumentado las herejías y los errores, y era posible que se desarrollara en poco tiempo un movimiento de apostasía. Estos maestros falsos seguían diciendo que eran maestros de la Ley (1 Ti. 1:7), pero urgían a los hombres a prestar atención a fábulas y genealogías sin fin (1 Ti. 1:4). Aunque profesaban conocer a Dios, sus propios frutos lo negaban (Tit. 1:16). Por lo tanto, Pablo los distingue como corruptos en sus mentes (1 Ti. 6:5), inmorales (1 Ti. 4:3) y trastornadores que subvierten la fe verdadera (2 Ti. 2:17). Advierte tanto a Timoteo como a Tito que se cuiden de ellos.

El propósito de las cartas es ayudar a dos pastores jóvenes y muy queridos por Pablo, a continuar en el cumplimiento fiel de sus responsabilidades pastorales. Pablo les exhorta a mantenerse firmes en su doctrina de fe, a oponerse por completo a los falsos maestros y a prestar atención a las necesidades de sus rebaños, especialmente de los ancianos y las viudas.

BOSQUEJO PARA ESTUDIAR LAS EPÍSTOLAS PASTORALES

1. **Ministerio del pastorado** *1 Timoteo*
   Doctrina pura para la iglesia 1:1-20
   Responsabilidades públicas de la iglesia 2:1-15
   Requisitos previos para líderes de la iglesia 3:1-16
   Patrón de pastorado para la iglesia 4:1–6:21

2. **Meditaciones en cuanto al pastorado** *2 Timoteo*
   Convicciones de Pablo 1:1-18
   El camino del servicio 2:1-26
   Predicción de la apostasía 3:1-17
   Preparación para la muerte 4:1-22

3. **Manejo del pastorado** *Tito*
   Nombramiento al pastorado 1:1-16
   Administración del pastorado 2:1-15
   Afirmaciones del pastorado 3:1-15

En la primera carta, Pablo describe la vida de Timoteo. Era griego pero su madre era judía, y de ella y de su abuela él recibió un conocimiento de las Escrituras desde temprana edad. Es evidente que se convirtió por el ministerio de Pablo (1:2), por esa razón era un hijo de Pablo en la fe. Quizás de carácter tímido, Timoteo necesitaba ser urgido y aconsejado para cumplir las labores pastorales en tiempos difíciles y con frecuencia peligrosos en la ciudad pagana de Éfeso.

El propósito específico de la segunda carta se anota claramente en 2 Timoteo 4:9, que el joven pastor procure ir pronto a ver al apóstol. El tema constituye una serie de advertencias y exhortaciones a Timoteo en el cumplimiento de las difíciles responsabilidades y labores asociadas con el pastorado en la iglesia de Éfeso. Es advertido que los días son mucho más peligrosos (3:1) y muchos se están apartando de la fe. También contiene una mención a que su propio martirio es inminente (4:6-7) y por eso le exhorta a mantenerse firme en palabras sabias (1:13).

Tito, un gentil llevado a Cristo durante el ministerio de Pablo, fue su compañero de confianza y colega fiel. Al trabajar junto con Pablo, Tito recibió dos importantes asignaciones pastorales nada fáciles: (1) ser el representante de Pablo ante los belicosos y en ocasiones moralmente laxos corintios, y (2) ser el pastor sobre la iglesia de Creta, una isla habitada por un pueblo bárbaro, intemperante y plagado de corrupción moral.

El propósito de la carta es postular la relación necesaria entre la verdadera doctrina y la vida santa que se deben manifestar en la condición

Los esclavos romanos tenían que usar una chapa como esta. Las palabras en latín significan: "Si escapo, arréstenme y devuélvanme a mi amo". Onésimo era un esclavo fugitivo.

normal de la iglesia y en la vida diaria de los creyentes. El énfasis principal es sobre el manejo pastoral adecuado sobre la iglesia local.

Filemón

Una de las llamadas cartas de prisión de Pablo, esta epístola fue escrita por Pablo a Filemón y a la iglesia que se congregaba en su casa. Era común en los días apostólicos que la iglesia se reuniera en casa de un creyente. La carta fue escrita en 60 d.C.

Esta carta trata acerca de un esclavo, Onésimo, quien tras escapar de su amo Filemón, había huido a Roma. Allí entró en contacto con Pablo, y llegó a conocer a Cristo como Salvador. Tras hallar el momento oportuno para devolver Onésimo a su amo, el apóstol lo encomienda a la gracia perdonadora de Filemón. Si le ha causado a Filemón pérdidas materiales, Pablo le dice: "ponlo a mi cuenta" (v. 18). El apóstol está confiado en que Filemón hará más de lo que se le pide y que Onésimo será liberado para ejercer el mayor servicio a Cristo.

La carta de Pablo a Filemón revela que la esclavitud era una de las mayores maldiciones del mundo antiguo. Se ha calculado que había cerca de sesenta millones de esclavos en el imperio romano. ¿Significa

BOSQUEJO PARA ESTUDIAR FILEMÓN

1. La comunicación de Pablo 1–7
2. El elogio de Pablo 8–20
3. La confianza de Pablo 21–25

esto que Pablo apoyaba la esclavitud? ¡No es así! Él reconoció que era un mal de esos tiempos y que solo podía ser tratado cuando los hombres acudiesen a Cristo y pusieran en práctica los principios éticos de la fe cristiana.

Hebreos

El significado general y el mensaje de esta carta a los hebreos son obvios, pero la autoría, lugar de composición y destino han creado muchos problemas difíciles de contestar. La autoría y destino nunca podrán ser determinados. Desde los primeros días de la iglesia hasta el presente, el consenso ha sido que, aunque no puede dudarse de la veracidad y canonicidad de la epístola, el problema de su autoría y destino debe permanecer sin respuesta. Acerca de la fecha se puede determinar que debió escribirse antes de la destrucción de Jerusalén, pues el templo aun existía, y sus observancias seguían en vigor. Para denotar esto se utiliza siempre el tiempo presente (8:4, 13; 9:4-9; 10:1-11; 13:10-11).

El propósito de la carta es claro. Fue escrita para alentar a judíos cristianos a seguir adelante en la fe cristiana y para advertirles acerca de la posibilidad ominosa de caer en apostasía. Esta apostasía implicaba para ellos el renunciar a la fe cristiana y regresar al judaísmo. Para cumplir su propósito, el autor muestra la superioridad de la fe cristiana en todas las áreas de comparación con los bienes del Antiguo Testamento. Basándose en el valor y validez del Antiguo Testamento para su propio tiempo y su lugar justo en el plan de Dios, el autor procede a demostrar por una serie de comparaciones que con la venida de Cristo, todas estas cosas son realizadas, cumplidas y perfeccionadas en Él. La palabra importante en conexión con esto es "mejor". Como Melquisedec, Cristo es el rey–sacerdote por excelencia (7:1-28) y su provisión de salvación es tan grande que los receptores de la carta son advertidos con frecuencia en contra del peligro de olvidarla o negarla (2:1-3; 6:1-20; 10:19-39).

El regreso al judaísmo equivaldría a dar un paso atrás en el plan de Dios de revelación y redención. Un argumento en cuatro partes, con exhortaciones apropiadas, advertencias y alientos establece el propósito del autor en demostrar la superioridad de Cristo.

Una reproducción del efod usado por el sumo sacerdote judío. Cristo es nuestro rey y sacerdote.

BOSQUEJO PARA ESTUDIAR HEBREOS

1. Revelación del sacerdocio de Cristo 1:1–2:18
2. Realización plena por medio del sacerdocio de Cristo 3:1–4:16
3. Redención por el sacerdocio de Cristo 5:1–10:39
4. Recomendaciones a causa del sacerdocio de Cristo 11:1–13:25

Santiago

Esta carta pertenece a un grupo comúnmente conocido como epístolas católicas, o generales (que incluye 1 y 2 Pedro; 1, 2 y 3 Juan; y Judas). Son llamadas así tal vez por el carácter general de las enseñanzas que contienen, o por la naturaleza genérica de los lectores a quienes se dirigen. Mientras que la autoría de esta carta ha sido disputada, no hay razón para no estar de acuerdo con el punto de vista conservador que dice que el autor es Santiago, el hermano del Señor. La evidencia externa no es sumamente fuerte hasta el siglo cuarto en occidente, pero en Jerusalén y las iglesias sirias fue reconocido desde muy temprano. La evidencia interna es bastante fuerte y la carta dice ser escrita por Santiago, quien es bien conocido en otros pasajes de las Escrituras (Hch. 15:13-21; 21:17-25; Gá. 1:19; 2:9, 10).

Aunque creció en el mismo hogar que el Señor, Santiago no se volvió creyente hasta después de la resurrección de Cristo. Su vida después de esto fue tan evidentemente dedicada a Dios y a vivir una vida estricta y disciplinada, que llegó a ser conocido como Santiago "el justo". Presidió como uno de los "pilares de la iglesia" en el primer concilio de la iglesia en Jerusalén (Hch. 15). También es mencionado como uno de los que urgieron a Pablo a tomar un voto (Hch. 21:18), como uno de los visitados por Pablo durante su estancia en Jerusalén (Gá. 1:19) y como aquel nombrado por Judas como su hermano (Jud. 1:1).

Santiago dirigió su carta a "las doce tribus que están en la dispersión". Es por lo tanto judía en su destino específico y aquellos a quien se dirigía eran específicamente judíos cristianos que se encontraban entre los judíos de la diáspora. Estos creyentes aun estaban atados a las costumbres y tradiciones judías. Esto pareciera implicar una fecha temprana en la historia de la iglesia primitiva, y muchas autoridades postulan que fue la primera de todas las cartas del Nuevo Testamento. Es probable que haya sido escrita cerca del 45–50 d.C.

Esta carta se escribió para incitar a los creyentes a demostrar su justificación por la fe a través de sus buenas obras en la vida cristiana. La fidelidad en la fe cristiana aprovechará toda situación práctica en la que puedan desarrollarse las virtudes cristianas, lo cual trae como resultado una vida equilibrada con santidad consecuente y adecuada. Para Santiago existe algo que se llama religión pura y sin mancha delante de Dios y el Padre (1:27). La religión necesita realismo, lo cual se logra con una fe afirmada por una vida buena donde las creencias son validadas por la buena conducta.

BOSQUEJO PARA ESTUDIAR SANTIAGO

1. La perfección de la fe 1:1–2:13
2. El producto de la fe 2:14-26
3. El problema de la fe 3:1-12
4. Las pruebas de la fe 3:13–5:6
5. La paciencia de la fe 5:7-20

Las cartas de Pedro

Vista del Monte Tabor de Israel es inconfundible. De acuerdo con la tradición en este lugar fue la transfiguración de Jesús.

Parece que el Nuevo Testamento no estaría completo sin algunas Escrituras de la mano de Pedro, el discípulo tan íntimamente asociado con el Señor Jesús. Aunque la mayoría de las autoridades creen que gran parte del evangelio de Marcos viene de Pedro, esto no satisface el deseo de tener Escrituras salidas del puño y letra inspirados de Pedro.

Estas dos cartas provienen de Pedro y las verdades reveladas en ellas se mantienen de conformidad con la intimidad que Pedro tenía con Cristo. Por esto no se sale de orden llamarles verdades preciosas, como el mismo Pedro dijo: "para que sometida a prueba vuestra fe, mucho más preciosa que el oro, el cual aunque perecedero se prueba con fuego, sea hallada en alabanza, gloria y honra cuando sea manifestado Jesucristo" (1 P. 1:7). Hablando acerca de nuestra redención, escribe: "sino con la sangre preciosa de Cristo…" (1 P. 1:19). Con referencia a Cristo como la piedra principal, cita al profeta: "He aquí, pongo en Sion la principal piedra del ángulo, escogida, preciosa" (1 P. 2:6). También nos recuerda la preciosidad de Cristo: "Para vosotros, pues, los que creéis, él es precioso" (1 P. 2:7).

El que Pedro fue el autor de la primera carta encuentra respaldo abundante y fuerte en evidencias externas e internas. Empezando con citas de Policarpo y una referencia directa por Ireneo, el testimonio universal de la iglesia primitiva es que él la escribió. La evidencia interna muestra que el autor se llama a sí mismo Pedro (1:1) y que tenía un conocimiento

BOSQUEJO PARA ESTUDIAR 1 Y 2 PEDRO

1. **Los privilegios de los creyentes en Cristo** *1 Pedro*
   a. Salvación en Cristo 1:1–2:10
   b. Sumisión por medio de Cristo 2:11–4:11
   c. Servicio para Cristo 4:12–5:14
2. **Las promesas para los creyentes en Cristo** *2 Pedro*
   a. Poder de Cristo 1:1-21
   b. Preservación por Cristo 2:1-22
   c. Predicción del regreso de Cristo 3:1-18

íntimo de Cristo: fue testigo de los sufrimientos de Cristo (5:1 cp. 3:18; 4:1); describe a la persona de Cristo en su sufrimiento (2:19-24); y usa frases que hacen alusión a algunas de las acciones de Cristo (cp. 5:5 con Jn. 13:3-5, y 5:2 con Jn. 21:15-17). No hay razones adecuadas para negar la autoría de Pedro.

Tanto Pablo como Pedro fueron mártires, de acuerdo a la tradición, en Roma durante la persecución de Nerón (67–68 d.C.) Esto significaría que Pedro escribió la carta desde Roma (si "Babilonia" se toma como el nombre místico dado a Roma como muchos creen) cerca del 65 d.C.

La primera carta fue escrita a creyentes en Ponto, Galacia, Capadocia, Asia y Bitinia. Es evidente que Pablo fundó las iglesias en Galacia y Asia, pero no hay evidencia de que alguno de los dos hubiese visitado las otras provincias (Hch. 16:7). Es posible que algunos convertidos por la predicación de Pablo hayan fundado estas iglesias o que hayan sido fundadas por unos de los primeros conversos de Jerusalén (Hch. 16:7). En cualquier caso, los creyentes eran judíos y gentiles.

Los creyentes estaban sufriendo ciertas pruebas y tribulaciones, aunque no había una persecución organizada contra ellos. De todas maneras estaban sufriendo dificultades más sutiles y severas. Estaban experimentando el sufrimiento de un mundo hostil a su fe. Estaban siendo calumniados y vilipendiados y como resultado, algunos estaban perdiendo sus posesiones, y se enfrentaban a una ruina inminente.

El propósito es alentar y fortalecer a estos creyentes para que se mantengan firmes en "la verdadera gracia de Dios" (5:12) en medio de un mundo que los aborrecía tanto como a su testimonio. Usando los sufrimientos de Cristo como ejemplo para los creyentes (1:11; 2:21, 23; 4:1-2; 5:1) y usando palabras contundentes acerca del sufrimiento, escribe esta carta como un mensaje de esperanza en medio del sufrimiento. Les recuerda que Dios les ha traído a una esperanza viva (1 P. 1:3).

La segunda carta de Pedro no ha tenido tan buena recepción como la primera en lo concerniente a autoría. Debido a la diferencia en el vocabulario, y un estilo a veces poco fluido, muchos han dudado de la autoría de Pedro. La evidencia externa para la carta es un poco débil, pero la interna es fuerte en apoyar a Pedro como autor. Las referencias a su vida y los sucesos mencionados en la carta dan suficiente testimonio de que Pedro es el autor. Hay mención de sucesos significantes como la proximidad de

su muerte (1:13), la transfiguración de Cristo (1:16-18), y el envío de una carta previa (3:1); es más, en ciertas características gramaticales como el uso constante del artículo, 1 y 2 de Pedro son más similares que cualesquier otras dos epístolas del Nuevo Testamento.

Esta carta, como la segunda de Pablo a Timoteo, fue la bendición de Pedro que escribió llegando al final de su vida (1:13) y expresa su grave preocupación por la profunda y creciente sombra de la apostasía. La vida inconsciente e irresponsable caracterizaba a los que eran falsos maestros y junto con esta vida, venía la negación de ciertas doctrinas principales, como la revelación de Dios en la Biblia (1:19-21) y la doctrina de la segunda venida del Señor (3:9-10).

El énfasis principal de esta carta se hace en el conocimiento (3:18). Las palabras conocer y conocimiento son usadas con frecuencia y la admonición a crecer en el conocimiento de Cristo dará a los creyentes las herramientas para combatir los errores introducidos por maestros falsos en lo que concierne al regreso del Señor. Esto se logra hablando de las promesas que les habían sido dadas en Cristo.

El paisaje de Capadocia es sorprendente. Primera Pedro se escribió para los creyentes de Ponto, Galacia, Capadocia, Asia y Bitinia.

Las cartas de Juan

Mar Egeo

PATMOS

El autor de estas cartas es Juan, el conocido y amado discípulo del Señor Jesús. Él fue quien podría denominarse el principal y más anciano hombre de estado en la iglesia. Su vida, aunque ardua y en muchos casos llena de dificultades, como su exilio a la isla de Patmos, fue una buena vida y de acuerdo a la tradición, vivió para llegar casi a los cien años. Escribió estas cartas, el evangelio que lleva su nombre y el libro de Apocalipsis hacia el fin de su larga y fructífera vida. Las cartas, por lo tanto, fueron escritas después de la destrucción de Jerusalén, lo cual las ubica cerca del 85–90 d.C.

Las Escrituras de Juan son profundamente espirituales, personales, intensas y amorosas. La relación de Juan con el Señor Jesús era una de profunda devoción y dedicación, y fue conocido como aquel que se reclinó en el pecho de Jesús. Como tal, poseía una naturaleza mística y acentuaba con gran énfasis el principio del amor. Sin embargo, no se puede pensar en Juan como alguien débil o puramente sentimental. Él podía hablar del gran amor de Dios (Jn. 3:16) pero también de la ira y condenación de Dios (Jn. 3:36). Esto muestra que su amor no era solo de índole emocional sino que estaba fundado en la santidad, la justicia y el carácter de Dios.

Juan escribió la epístola para comprobar la deidad de Cristo, dando por sentada la humanidad de Cristo todo el tiempo (Jn. 20:30-31). En las epístolas escribió para comprobar la humanidad de Dios dando por sentado el hecho de la deidad de Cristo. (1 Jn. 1:1) Este énfasis muestra que el gnosticismo fue un problema para los creyentes, y necesitaban instrucción. El gnosticismo consideraba lo material como maligno, por lo cual

BOSQUEJO PARA ESTUDIAR 1, 2 Y 3 JUAN

1. **Comunión de amor** *1 Juan*
   La manifestación de la unidad – Dios es luz 1:1–2:29
   La manera de la unidad – Dios es santo 3:1–4:6
   La motivación de la unidad – Dios es amor 4:7–5:21
2. **La fidelidad en el amor** *2 Juan*
   Elogio por la fidelidad 1-4
   Mandato a la fidelidad 5-6
   Consejo acerca de la fidelidad 7-11
   Compromiso a la fidelidad 12-13
3. **La franqueza del amor** *3 Juan*
   El responsable – Gayo 1-8
   El rebelde – Diótrefes 9-10
   El respetable – Demetrio 11-12

La isla de Patmos en el Mar Egeo. Juan fue desterrado a esta pequeña isla.

era imposible que Cristo hubiera tenido un cuerpo humano. Por lo tanto, el docetismo (que enseñaba que Cristo solo aparentaba tener un cuerpo humano, de dokéw, "aparentar", "parecer") tenía que ser confrontado sin tregua. El gnosticismo también enseñaba que solamente por medio de la sabiduría (gnôsis) se podía pasar del mundo material y malo al espiritual, que es bueno. Por esto Juan describe en distinción antitética la verdadera sabiduría y las grandes certezas de la fe cristiana que pueden traer salvación al hombre. Es de notar la frecuencia de la palabra "saber, o conocer" en esta primera carta, donde Juan la emplea más de 25 veces.

El propósito de Juan también es demostrar que Cristo es el abogado del creyente, mientras que su adversario o acusador es el anticristo y el sistema anticristiano. Los creyentes no deben amar al mundo, sino amarse los unos a los otros y caminar en la luz, como Dios está en la luz (1 Jn. 1:1–2:23). También deben andar en santidad y amor así como Dios es santo y amoroso (1 Jn. 3:1–5:21).

La segunda carta de Juan revela el corazón pastoral del apóstol amado. No es claro si se dirige a una mujer individual o a una iglesia local. Sin importar eso, revela la familiaridad del pastor con la vida y el trabajo de los hijos de Dios. Juan les urge a tener fidelidad a la verdad.

La tercera carta es un estudio de tres personalidades y refleja a través de ellas algunas de las condiciones de la iglesia primitiva. Estas tres personas revelan la responsabilidad personal de miembros individuales a la labor de la iglesia local. La motivación suprema debe ser, aunque no lo es siempre en la práctica, la dedicación incondicional bajo el señorío de Cristo. Este es un estudio del carácter cristiano.

Judas

Hay tanta similitud evidente en estilo, pensamiento y propósito entre 2 Pedro y Judas que muchos han tenido la sensación de que se copiaron uno del otro. Otras autoridades como Tenney, sienten que Judas vio la carta de Pedro y fue movido por el Espíritu a escribir esta carta.

Aunque tiene evidencia más fuerte para su autoría que 2 Pedro, ha habido discordia con respecto a cuál Judas escribió la carta. No hay ninguna razón para dudar que se trató de Judas el hermano de Santiago y medio hermano de Jesús (Mr. 6:3). Como su hermano Santiago, es probable que Judas no vino a conocer a Cristo hasta después de la resurrección.

Algunos creen que la carta fue escrita a la iglesia en Jerusalén y la fechan después de las cartas de Pedro cerca del 66–68 d.C. Otros creen que el versículo 17 probablemente se refiere a la predicción de Pedro de la apostasía venidera, porque la carta de Pedro estaría en circulación, y fechan la carta entre 75 y 80 a causa de la descripción que Judas hace de los maestros apóstatas que parecen ser bien conocidos y cuya influencia se hacía sentir en las iglesias. Esta fecha posterior daría el tiempo esperado para el desarrollo de la apostasía.

La ocasión y propósito de la carta no son difíciles de encontrar. Judas lo expone en el versículo 3. La presencia de la apostasía había requerido una descripción de su naturaleza, un requerimiento a combatirla y una exhortación a mantener fidelidad a la fe verdadera. El tema de la carta es la preservación de la fe cristiana en su contenido y su conducta reflejada en la vida de los creyentes.

BOSQUEJO PARA ESTUDIAR JUDAS

1. El preámbulo para la apostasía 1-2
2. El problema de la apostasía 3-7
3. El orgullo de los apóstatas 8-16
4. La predicción de la apostasía 17-19
5. Provisiones contra la apostasía 20-25

Apocalipsis

Es autor de este libro es el mismo que escribió el evangelio y las tres cartas que llevan su nombre. Es Juan, el apóstol amado y el que se reclinó en el costado de Jesús (Jn. 13:25), el cual se encontraba ahora en al isla de Patmos en el mar Egeo por su testimonio sobre la fe. Mientras estaba en ese lugar, recibió de Cristo una serie de visiones para que pudiese presentar a la iglesia el plan profético de Dios para la consumación de la historia humana. El libro revela que la mano de Dios está sobre la escena de los acontecimientos humanos y que le dirige hacia una meta final. Las evidencias externas e internas son fuertes para respaldar la autoría de Juan (1:1, 4, 9; 21:2; 22:8).

El libro pertenece a un tipo de literatura que se denomina apocalíptico, lo cual se debe a que fue escrito durante tiempos de sufrimiento y persecución con el propósito de infundir fortaleza y esperanza, además porque se emplean señales y símbolos y porque se alude con frecuencia al concepto de un juicio para que cumpla y vindique los planes de Dios. Este libro de Apocalipsis se diferencia del cuerpo general de este tipo de literatura en el sentido de que no fue escrito bajo un nombre supuesto ni alegórico. El autor del libro es conocido y también era bien conocido du-

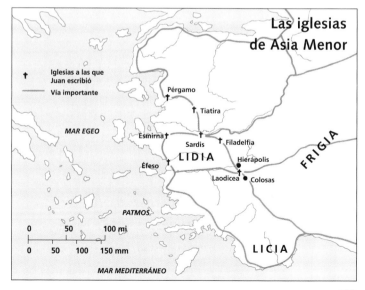

Las iglesias de Asia Menor

† Iglesias a las que Juan escribió
— Vía importante

MAR EGEO

Pérgamo
† Tiatira
Esmirna †
Sardis † Filadelfia
Éfeso
Hierápolis
Laodicea ● Colosos

LIDIA

FRIGIA

PATMOS

0   50   100 mi
0   50   100   150 mm

MAR MEDITERRÁNEO

LICIA

BOSQUEJO PARA ESTUDIAR APOCALIPSIS

1. La revelación de Cristo a Juan 1:1-20
2. Los mensajes de Cristo a las iglesias 2:1–3:22
3. La retribución de Cristo para el mundo 4:1–18:24
4. El regreso de Cristo al mundo 19:1–20:6
5. El rechazo de Cristo por el mundo 20:7-15
6. Las recompensas de Cristo para los creyentes 21:1–22:21

rante el tiempo en que la visión ocurrió y el libro fue escrito.

Existe cierto desacuerdo acerca de la fecha en que el libro fue escrito. Hay quienes lo ubican durante el reino del monstruoso e incorregible Nerón (64–65 d.C.). Esto parece muy prematuro pues la historia y circunstancias de las iglesias mencionadas en el libro denotan un desarrollo que no pudo haberse dado en un período histórico tan corto. El libro no pudo haber sido escrito mucho antes de la fecha asignada por tradición, que corresponde al tiempo del emperador Domiciano, un tiempo de persecución cruenta a la iglesia cristiana. Esto colocaría su escritura al cierre del primer siglo, cerca de 96 d.C.

Los intérpretes difieren en el método de interpretación a ser usado para entender el significado y mensaje del libro. Hay cuatro métodos postulados: (1) el espiritual que cree que el libro trata sobre el conflicto entre la iglesia y las fuerzas del mal a través de la historia de la iglesia. (2) el preterista o pasado que enseña que la mayor parte del libro ya se ha cumplido; (3) el histórico continuo que afirma que a través de la historia de la iglesia el libro está siendo consumado hasta la segunda venida de Cristo y (4) el futurista que indica que los tres primeros capítulos ya han sido cumplidos (aunque algunos enseñan que las siete iglesias trazan una historia profética de la iglesia universal hasta la venida de Cristo) y que el cumplimiento de los capítulos 4 a 22 todavía está en el futuro.

En lo que concierne a la interpretación de la tribulación (6:16-17; 7:14), se manejan tres puntos de vista: (1) pretribulación, en la que se afirma que los creyentes serán arrebatados antes del período de siete años de tribulación (las 70 semanas de Daniel, Dn. 9:27); (2) mediados de la tribulación; se cree que los creyentes serán raptados al final de los primeros tres años y medio (11:1-19); y (3) después de la tribulación; los creyentes pasarán a través del período completo de siete años de tribulación (19:11-21). Debe advertirse que aunque estos puntos de vista varían, todos operan bajo las enseñanzas premilenaristas. (20:1-10).

En el capítulo 20, Juan habla de un período de mil años llamado el milenio. Se han hecho varias interpretaciones de este período: (1) el punto de vista que niega cualquier período literal de mil años y dice que solo se trata de un período espiritual que empezó con la atadura de Satanás en la resurrección de Cristo y terminará con la segunda venida de Cristo para consumar la historia humana; (2) desde el punto de vista posmilenarista se cree que el evangelio traerá justicia en toda la tierra y al final de mil años de esta justicia mundial, Cristo vendrá a traer el

estado eterno y celestial; y (3) el punto de vista premilenarista, que enseña que Cristo vendrá a traer y establecer el reinado del milenio sobre la tierra y sobre todas las naciones, y después de la rebelión final de Satanás al final del milenio, este reino se unirá con el reinado eterno de Dios (1 Co. 15:23-28).

Ruinas de lo que fuera la ciudad de Laodicea, la iglesia del lugar fue advertida por su tibieza.

Índice

Los números de página en *cursivas* significan ilustraciones.

Abdías, 94
Abraham, 7, 16-17, 22, 24, 26-27, 30, 114, 158
Acrósticos, 69
Amós, 3, 90, 92-93
Antiguo Testamento
    Contenido, 5, 15, 36, 94
Antioquia de Pisidia, *133*
Apocalipsis, libro de, 9, 109, 113, 155
Apócrifa, 104
Arca del pacto, 19, 51
Arco de Trajano, *110*
Asiria, 40, 79, 96
Autoría de la Biblia, 22, 150
Autoridad de la Biblia, 6, 8, 10, 12-13, 68

Babel, torre de, 27
Belén, 47-48, 67, 104, 114, *120*
Biblia
    hebrea, 15, 49, 70, 76, 88
    Significado, 88
    Tema, 26
    Traducciones, 14

Canon, 12-13, 15, 60, 122, 158
Cantar de los cantares, 3, 15, 61, 74-75
Capadocia, 150-*151*
Cartas pastorales, 143
Ciro, 54, 57-58, 78, 88, 100
Colosenses, 4, 109, 139-140
Corinto, 128, 130-*131*, 141-142
Cristo
    En el Antiguo Testamento, 7, 12, 14-16, 81, 106, 111-112, 116, 135

Crítica textual, 10
Crónicas, 3, 15, 17, 51, 54, 56, 59

Daniel, 3, 7, 15, 57-58, 62, 76, 86, 88-89, 156, 158
David, 8, 40, 44, 47-51, 54, 56, 68, 73, 93, 114, 120, 158
Desierto, 17, 19, 24-25, 29, 31, 33-36, 38, 94
Deuteronomio, 3, 15, 18-20, 24, 36-39, 48, 68

Eclesiastés, 3, 15, 61, 72-74
Efesios, 4, 109, 135-136, 139
Éfeso, *109*, 121-122, 131, *135, 137*, 143-144
Egipto, 17, 23-24, 28, 34-35, 63, 82, 92, 114
Epístolas, 4, 109, 141, 143, 147, 151-152
Esclavos, 145-146
Esdras, 3, 7, 14-15, 40, 56-58, 104
Esenios, 105-106
Ester, 3, 15, 40, 59-60
Estilo de la Biblia, 7-10
Evangelios, 3, 9, 12, 108, 111-114, 118, 121-122
Éxodo, 3, 18-19, 24-25, 28, 30-31, 63, 68, 94
Ezequiel, 3, 15, 62, 86-87

Faraón, 28, 30-31, 44
Fariseos, 97, 105
Filemón, 4, 109, 145
Filipenses, 4, 109, 136-138, 142
Filipos, 136, *138, 141*

Gálatas, 4, 27, 31, 109, 133-134
Génesis, 3, 8, 11, 15-18, 24, 26-27, 68
Getsemaní, *75*, 124

Habacuc, 3, 98-99
Hageo, 58, 100-102
Hebreos, 4, 27, 30, 32-33, 45, 61, 109, 146-147
Hechos, 3, 9, 34, 41, 44, 51, 64, 104, 108-109, 111, 114, 116, 118, 124-127, 134-135, 141, 143
Heliópolis, 23
Herodes, 104-105, 113

Idiomas de la Biblia, 7, 10, 14
Imperio Romano, 108, 124, 146
Inspiración, 8, 10, 15, 108, 112, 127
Isaías, 3, 8, 15, 20, 53, 56-57, 76-81, 90, 96, 112

Jeremías, 3, 7, 15, 53, 57, 63, 82-86
Jerusalén, 11, 22, 39, 51, 54, 57-58, 65, 69, 71-73, 75, 77, *79-82*, *85*-86, 92, 96-97, 99-100, *103*-105, 110-111, 113-114, 116, 122, 125, 127-128, 133-134, 136, 146, 148, 150, 152, 154
Job, 3, 15, 61-66, 159
Joel, 3, 76, 92, 159
Jonás, 3, 95-97
Juan
    Evangelio, 108, 113, 116, 121-122, 152, 156
    Cartas, 3, 8, 109, 152
    Apocalipsis, 3-4, 109, 113, 152, 155-156
Judas, 4, 109, 114, 147-148, 154
Jueces, 3, 15, 23, 40, 44-47, 49, 96

Lamentaciones, 3, 15, 61, 84-85
Langostas, *92*
Laodicea, 135, *157*, 159
Levitas, 19, 32
Levítico, 3, 18, 32-33, 68
Ley, 9, 11, 15-16, 19-24, 30-33, 36-37, 48, 58-59, 63, 68, 82, 103, 105-107, 128, 131, 133-134, 139, 143
Libros históricos del Antiguo testamento, 15, 40
Libros proféticos, 15, 53, 76
Literatura apocalíptica, 88
Literatura de sabiduría, 61-62
Lucas, 3, 13, 111-112, 118-120, 123-125

Mal, 9, 20, 64, 71, 87, 91, 102, 122, 146, 156
Malaquías, 3, 12, 15, 17, 20, 40, 72, 76, 102-103
Mar Muerto, 13, *37*, 79, 106
Marcos, 3, 13, 111-112, 116-117, 119, 123, 149
Mardoqueo, 59-60
Mateo, 3, 111-112, 114, 116, 119, 123
Menorah, *101*, 159
Mesías, 9, 15-17, 35, 47, 58, 70, 81, 83, 85, 96, 100, 102-103, 106, 112
Milagros, 30, 42, 111-112, 117, 121, 123
Miqueas, 3, 90, 96-97
Moab, llanuras de, *36*
Moisés
    Como autor del Pentateuco, 19-20, 22
    Educación, 22-23
Monoteísmo, 60
Monte Hermón, *63*
Monte Tabor, *149*

Nahum, 3, 97-98, 159
Nehemías, 3, 15, 20, 40, 57-58
Nínive, 82, 89, 95, 97
Noé, 16, 24, 27, 62

Nuevo Testamento, 3, 7, 9-10, 12-15, 93, 104, 106, 108-110, 113, 134, 148-149, 151

Números, 3, 18-19, 34-35, 68

Onésimo, 145
Oseas, 3, 52, 87, 90-92, 96

Pablo
   Su contexto, 139
   Cartas, 8-9, 132-134, 140-144, 148
   Viajes misioneros, 118, 133
   Con Abraham, 16, 27, 30
Pacto Con Noé, 16, 27
Parábolas, 9, 70, 86, 116, 118-120, 122
Pascua, 24, 30
Pastores, 143
Patmos, 78, 113, 152-153, 155, 159
Pecado, 11, 16, 24, 26-27, 30, 32-33, 35, 39, 42, 46, 50, 64-65, 69, 83-84, 90-91, 94, 97, 109, 124, 128-129, 142
Pedro, 4, 13, 92, 109, 116, 123, 126-127, 147, 149-151, 154
Pentateuco, 3, 9, 18-19, 21-25, 34, 41, 68
Persia, 59, 159
Poesía, 9, 61-62, 79
Poesía hebrea, 61-62
Proverbios, 3, 9, 15, 61, 70-72
Puerta dorada, 103

Revelación, 6-8, 10-11, 16-18, 22, 24, 33, 62, 78, 86, 88, 106, 108, 110, 112, 121-122, 134, 146-147, 151, 156

Reyes, 3, 15, 19, 28, 44, 49, 51-54, 56, 71-73, 90, 95-96
Roma, 79, 104, 106, 110, 113, 116, 125, 128-129, 133, 135, 137-139, 143, 145, 150
Romanos, 3, 8, 27, 105-106, 109-111, 113, 117, 127-131, 133, 145
Rut, 3, 15, 47-48, 59

Sacerdotes, 19, 32, 54, 96, 102
Saduceos, 105-106
Salmos, 3, 8, 15, 61, 67-69
Salomón, 28, 40, 44, 51, 53-54, 56, 63, 68, 71-75, 100
Samuel, 3, 15, 40, 44-46, 49-50, 56, 70, 160
Santiago, 4, 62, 109, 147-148, 154
Saúl, 40, 44, 49-50, 54, 70
Scott, Sir Walter, 6, 160
Sinagogas, 22, 85, 105-106
Sinaí, 19, 25, 31, 34, 36, 38
Sofonías, 3, 99

Tabernáculo, 24, 30-31, 33, 63, 93
Templo, 28, 53-54, 58, 63, 82, 86-87, 92, 100, 105-106, 112, 118, 131, 135, 146
Tesalonicenses, 4, 109, 141-142
Timoteo, 109, 137, 141-144, 151
Tito, 109, 113, 132, 143-144
Traducciones de la Biblia, 14, 76
Transmisión de la Biblia, 10
Tumba del huerto, 111

Zacarías, 3, 52, 58, 101-102, 112, 118